Johannes Czwalina
Ferri Abolhassan

Für eine würdevolle Zukunft

Johannes Czwalina
Ferri Abolhassan

Für eine würdevolle Zukunft

Die Arbeit von morgen gestalten wir heute

Frankfurter
Allgemeine
Buch

Bibliografische Information der Deutschen Nationalbibliothek
Die Deutsche Nationalbibliothek verzeichnet diese Publikation in der Deutschen Nationalbibliografie; detaillierte bibliografische Daten sind im Internet über http://dnb.d-nb.de abrufbar.

Frankfurter Allgemeine Buch
Pariser Straße 1
60486 Frankfurt am Main

Umschlaggestaltung: Nina Hegemann
Umschlagbild: © Adobe Stock/Chinnapong
Layout und Satz: schreiberVIS, Seeheim
Druck: CPI Books GmbH
Printed in Germany

1. Auflage
Frankfurt am Main 2024
ISBN 978-3-96251-201-9

Inhaltsverzeichnis

Prolog

Der Mensch braucht Arbeit so wie Luft, Nahrung und Liebe. Menschsein und Arbeit hängen unmittelbar miteinander zusammen.

Das Bedürfnis nach persönlicher Erfüllung in der Arbeit meldet sich immer deutlicher zu Wort und konkurriert zunehmend mit dem Verständnis von Arbeit als Mittel zur Existenzsicherung. Eine junge Frau sagte: „Arbeit ist mir wichtig, aber Arbeit ist nicht das, wofür ich arbeite. Ich arbeite, um mir die anderen Werte im Leben leisten zu können." Sie muss so denken, denn sie kann nicht mehr davon ausgehen, dass Fleiß eine sichere Lebensstellung nach sich zieht.

Es gab diese Zeiten, in denen der Wert der Arbeit a priori als Garant für die Würde des Menschen höher bewertet wurde als der Aspekt ihrer materiellen Ausbeute. Das „ora et labora" der Benediktinermönche und die Zeilen „Arbeit ist des Bürgers Zierde, Segen ist der Mühe Preis" aus Friedrich Schillers Lied von der Glocke verdeutlichen dies eindrücklich. Wir begeben uns in diesem Buch zunächst auf eine kleine Zeitreise in die Vergangenheit, um uns den Bedeutungswandel der Arbeit für den Menschen im Laufe der Jahrhunderte zu vergegenwärtigen. Damit wollen wir eine souveräne Ausgangslage schaffen, um die gegenwärtige Situation unserer Arbeitswelt aus einer erweiterten Perspektive heraus einzuschätzen. Wir wollen uns kritisch die Frage stellen, ob die aktuellen Landkarten der Personalpolitik noch diejenige Lebenswirklichkeit abbilden, in welcher sich der Einzelne bewegen möchte, und ob das gegenwärtige Verhältnis zwischen Erfüllung und Mühsal durch die Arbeit für uns noch stimmig ist.

Was wollen wir verändern? Und in welchem Maße kann der Einzelne überhaupt an der Veränderung mitwirken?

In unseren Überlegungen wird sich herauskristallisieren, dass nicht die viel beschworenen technischen Innovationen, sondern nur in sich ruhende, gefestigte Persönlichkeiten die zukünftigen Anforderungen meistern beziehungsweise verändern können. Der Schlüssel für die Bewältigung oder Veränderung zukünftiger Arbeitsbedingungen liegt nicht in erster Linie in der Verwirklichung neuer Gesellschaftsmodelle, sondern in der Beschaffenheit unserer Persönlichkeit und unserer Bereitschaft, mit Veränderung bei uns selbst anzufangen. Darum wenden wir uns diesem Thema mit besonderer Aufmerksamkeit zu.

Ohne ein ausgeprägtes Verantwortungsbewusstsein des einzelnen Entscheidungsträgers, ohne die Fähigkeit, deutlich zu formulieren, was *wir* wollen und was *wir* nicht wollen, werden *wir* von Entwicklungen überrollt, die uns unsere Handlungsfreiräume für eine Zukunft, die *wir* bestimmen, abgraben. Der Schlüssel für eine selbstbestimmte Zukunft liegt in der Frage: Was wollen wir? Und er liegt in unserer Persönlichkeit. Nur eine gefestigte Persönlichkeit kann das aussprechen, was sie will, und das vollbringen, was sie sagt. Deswegen werden wir uns in diesem Buch stark mit dem Persönlichkeitsprofil auseinandersetzen, welches Voraussetzung ist für die erfolgreiche Gestaltung einer lebenswerten Zukunft.

Wir stellen eine Bandbreite von optimistischen und pessimistischen Zukunftsoptionen nebeneinander, um den Leser darin zu unterstützen, seinen eigenen Standpunkt zu finden.

Der zunehmende Verlust der bisher als selbstverständlich vorausgesetzten unbegrenzten Ressourcen als Motor unserer Arbeitswelt kann zum Ausgangspunkt werden, unser Bedürfnis nach einer würdevollen Arbeit wieder neu zu entdecken und überzeugender einzufordern.

Der Markt ist für den Menschen da, nicht der Mensch für den Markt. Der Mensch ist der Gärtner, der Markt ist der Bock. Es gibt zu viele Gärtner, die vom Bock durch den Garten gejagt werden.

Das vorliegende Buch ist der Versuch, aus der Reflexion des Verständnisses von Arbeit im Verlauf der Geschichte sowie der Beobachtung aktueller Entwicklungen der Arbeitswelt zur Überwindung von Denk- und Verhaltensblockaden anzuregen. Wir möchten Perspektiven aufzeigen, den ganz persönlichen Weg im beruflichen wie privaten Alltag zu finden, statt Opfer und Getriebene zu sein oder zu werden.

Der Aufbau des Buches ist so gestaltet, dass die Hauptteile wie auch die einzelnen Kapitel und Unterkapitel für sich allein stehend je nach persönlichem Interesse und aktuell relevanten Fragestellungen gelesen werden können, ohne dass die vorangegangenen Kapitel zum Verständnis vorausgesetzt werden. Einzelne Redundanzen sind daher bewusst in Kauf genommen, um die Eigenständigkeit und bessere Lesbarkeit sicherzustellen.

Fahrplan:

- Wie hat sich unser Arbeitsverständnis im Laufe der Geschichte verändert?
- Wohin entwickelt sich die Arbeitswelt in der Zukunft? Was bleibt, was ändert sich?
- Welche Chancen und welche Belastungen bringt die neue Arbeitswelt mit sich?
- Was können wir aus der Vergangenheit lernen?
- Welches Verständnis von Arbeit war lebensdienlich, welches hinderlich? Welche neuen Formen von Arbeitsverständnis sind zu entwickeln?
- Wie verkraften die Menschen diese Veränderungsprozesse seelisch? Wo ist Platz für die Menschen in der Gesellschaft, die nicht den künftigen Anforderungen entsprechen?

- Welches Persönlichkeitsprofil ist für die vor uns liegende Arbeitswelt erforderlich? Welche persönlichen Lebensentwürfe können Auswege und neue Perspektiven bieten? Nachhaltige Veränderungen beginnen immer beim Einzelnen. Wenn wir über die Zukunft der Arbeit sprechen, kommen wir an einer ganz persönlichen Auseinandersetzung mit uns selbst und unseren Motiven nicht vorbei.
- Was bedeutet für uns in der zukünftigen Arbeitswelt Würde und Sinn?

I.1 Arbeit im Verlauf der Geschichte: Daseinsfindung und Entfremdung

Wer die Enge seiner Heimat begreifen will, der reise.
Wer die Enge seiner Zeit ermessen will,
studiere Geschichte.

Kurt Tucholsky (Schriftsteller, 1890–1935)

Welche Rolle spielt die Arbeit unter dem Aspekt ihrer Würde für den Menschen in der Vergangenheit, Gegenwart und Zukunft? Einer Antwort auf diese Frage nähern wir uns, wenn wir über den Bedeutungswandel der Arbeit vom Anfang der Geschichte an reflektieren.

Beginnen wir mit der Frage: Was ist Arbeit? Arbeit ist eine Art „energetischer" Aufwand, der geschieht, um einem Mangelzustand abzuhelfen.

Die Frühzeit

Es gab schon seit jeher Mangelzustände, die den Menschen zu energetischem Aufwand zwangen: Hunger, Durst, Kälte, Hitze, fehlende Unterstände, fehlende Körperbedeckungen, fehlende Schlafplätze, fehlender Schutz gegen wilde Tiere und vieles mehr.

Zeugnisse der Frühzeit lassen trotz der vielen Mangelzustände lediglich auf eine „Arbeitszeit" von täglich wenigen Stunden schließen.[1] Jagen und Sammeln von Nahrung im natürlichen, direkten Umfeld der Menschen zählten zu den hauptsächlichen „Arbeitsinhalten". Für uns heute stellt sich angesichts dieser Erkenntnisse die Frage, was die Menschen damals mit den restlichen Stunden des Tages anfingen. Wir können daraus einen

Punkt ableiten: Die zur Verfügung stehende Zeit, die nicht mit Schlaf verbracht wird, muss nicht zwingend mit Arbeit ausgefüllt werden. Das Wesen des Menschen fordert dies keineswegs.

Die Antike: Muße als Privileg

Die körperliche Arbeit wurde von Patriziern und anderen Vertretern der gehobenen Schichten eher als notwendiges Übel betrachtet, um sich nach ihrer Verrichtung den angenehmen Dingen zuwenden zu können, welche Lebensqualität bedeuteten. Der bevorzugte Lebensstil im alten Griechenland war die Muße. Tätige Arbeit war vor diesem Hintergrund nicht nur bei den Griechen, sondern auch bei den Römern eher negativ belegt: Sie hieß *negotium* – Nicht-Muße – und hatte gemessen am Ideal der Muße ein entsprechend geringes Prestige. Der männliche freie Mensch, der etwas auf sich hielt, sollte sich möglichst von ihr fernhalten. Aristoteles schlussfolgerte anhand der Entwicklung der Priesterkaste im antiken Ägypten, dass es eine Gruppe Menschen gab, die sich dank der hohen Produktivität von Handarbeitern – den Fellachen, die im Nilschlamm intensive Überschusslandwirtschaft betrieben – anderen Dingen zuwenden konnten, etwa der Entschlüsselung mathematischer Rätsel. Unter Muße verstand man auch das Ehrenamt, sich um das Gemeinwohl zu kümmern und Politik zu betreiben.

Der Mehrwert aus körperlicher Arbeit (die möglichst durch die Niedrigen verrichtet werden musste) ermöglichte also der gehobenen Klasse die notwendige Muße zur geistigen Arbeit. In der Vorstellung der Privilegierten sollte daraus wiederum eine stetige Verbesserung der Werkzeuge und Methoden der praktischen Arbeit resultieren. Das Ziel bestand darin, mit möglichst wenig körperlichem Aufwand schlussendlich immer mehr von der bevorzugten Lebensart der Muße für die Privilegierten zu schaffen. Aristoteles forderte, um den Stand der Elite hervorzuheben, dass Handwerker und Lohnarbeiter kein Bürgerrecht in seiner Vorstellung eines idealen Staates haben sollten. *Banausos* – das altgriechische Wort für Handwerker – erweckt noch heute den degradierenden Beigeschmack, der in der Ethik der Antike begründet liegt.

Auch der römische Philosoph und Politiker Marcus Tullius Cicero (106 bis 43 v. Chr.) meinte, dass die Gruppe der Handwerker und Sklaven ein „verächtliches“ Geschäft betreibe. „Denn eine Werkstatt kann nichts Edles an sich haben“, körperliche Arbeit beschmutze die Seele der Menschen.[2] Körperliche Arbeit galt als niedrige, wenngleich notwendige Tätigkeit, von der sich der höhere Stand abzuheben versuchte. Durch die Digitalisierung fallen viele lästige Aufgaben bereits weg. Allerdings gilt heutzutage die Erwerbsarbeit als wertvolle Arbeit und als Basis des eigenen Selbstwertgefühls. Muße im Sinne von Arbeitslosigkeit ist negativ konnotiert.

Um das Konzept der Muße zu verwirklichen, benötigte die „freie Familie“ Sklaven und Sklavinnen, die diejenige körperliche Arbeit erledigen mussten, die sie nicht selbst verrichten wollte. Das römische Zwölftafelgesetz (450 v. Chr.) regelte das Zusammenleben der freien Familie mit ihren Sklaven. Der Familienvater arbeitete mit auf dem Feld und der Sklave aß mit am Tisch. Später verloren die Sklaven ihre Rechte. Sie wurden körperlich bestraft und nicht selten sogar getötet. Die körperliche Arbeit war diskriminiert. Wer sie leistete, konnte kein öffentliches oder politisches Amt bekleiden. Cicero sagte: „[E]ines Freien aber nicht würdig, und schmutzig ist der Erwerb aller Tagelöhner, deren Arbeitsleistung, nicht deren Fertigkeiten gekauft werden. Bei ihnen ist eben der Lohn der Preis für die Sklavenarbeit …“[3] Schon hier wurde die Erwerbsgesellschaft als des Menschen nicht würdig bezeichnet.

Sklaven wurden geschlagen, gebrandmarkt, geschoren und an den Füßen zusammengekettet. Über tausend Jahre konnte sich das Römische Reich in seiner den Menschen verfehlenden Arbeitsauffassung halten, bevor es zugrunde ging. Von der Erniedrigung des Menschen durch die Arbeit haben wir sehr frühe Zeugen. Es wäre verfehlt, den Kampf der Arbeit zwischen Segen und Fluch in der Antike schönzureden.

Dennoch ist es bemerkenswert, dass das Ziel des wirtschaftlichen Denkens und Lebens nicht der Gewinn als solcher war, sondern die „Qualität" menschlicher Gemeinschaft unterschiedlicher Provenienz wie der Hausgemeinschaft, der Dorfgemeinschaft und der Staats- oder Polisgemeinschaft. Als erstrebenswert galt eine Lebenssituation, in welcher häusliche Geborgenheit, politische Einflussnahme und eigenständige Lebensplanung gewährleistet waren. Lediglich die Sicherstellung der Selbstversorgung war das Maß und das Ziel.

Arbeit, die über die bloße Bedürfnisbefriedigung hinausging, war für den Bürger kein erstrebenswertes Ziel in der antiken Welt. Auch der Handel stand lediglich im Dienst der Selbstversorgung. Ersterer grenzte Aristoteles scharf von einem Warentausch ab, der um des bloßen Gewinnes willen betrieben wurde, der einem unnatürlichen Drang zum Geldverdienen entstammte und folglich als unmoralisch anzusehen war. Seiner Meinung nach verhinderte ein solches Handeln das gute Leben eher, als dass es solches ermöglichte. Diese Einstellung bewahrte sich weitgehend bis zur Handelsdynastie der Medici und bis ins 17. Jahrhundert hinein, als mit der Einführung der Zinsen die Tür für eine neue Denkweise über den Wert der Arbeit geöffnet wurde. Aristoteles unterschied neben der Trennung von Muße und Arbeit auch zwischen der Lebensform des *bios politikos* – des freien, um das gute Leben bemühten Menschen – gegenüber dem *bios chrematikos* – der menschlichen Lebensform, die der zielpervertierten, zweckentfremdeten Erweiterung des Reichtums um des Reichtums willen nachgiert.[4] Kein Geringerer als Aristoteles wies also schon damals auf die moralische Gefahr für den Menschen hin, die mit dem Geldverdienen um des Geldverdienens willen verbunden ist: Dieses Denken zerstöre die Existenz einer harmonischen Gemeinschaft.

Die griechische „Marktwirtschaft" bildete einen Teil des öffentlichen sowie des politischen Lebens und stand im Dienst des Gemeinwesens.[5] Das deutsche Wort Markt leitet sich zwar von dem griechischen Wort *agorá* ab. Die Agora des alten Griechenland funktionierte jedoch nicht nach dem Angebot-Nachfrage-Preis-System, wie es unser dysreguliertes, kapitalistisches Marktsystem heute tut. Sie verstand sich als ein produktives Tätigsein, das seine Zielbestimmung in der Erhaltung des Gemeinwesens fand.

In Bezug auf die Bewertung der körperlichen Arbeit finden sich aber auch andere Stimmen in der Antike. Bei Homer wird die Arbeit sogar für Könige als ehrenvoll beschrieben. Auch Sokrates, der Lehrer Platons, war selbst Handwerker und lobte die Ehre dieses Standes.

Die Vorstellung aber, dass Menschen, die etwas tun, wofür es keinen Lohn gibt, gleichsam nutzlos und minderwertig sind, kommt erst zu Beginn der Neuzeit in die Welt.

Der Einfluss biblisch-theologischer Aussagen in verschiedenen Zeitepochen

Während in der Vorstellungswelt der antiken Kulturen die Menschen geschaffen wurden, um die Götter von der Last der Arbeit zu befreien, wird im Pentáteuchos, griechische Bezeichnung für die fünf Bücher Moses, überraschend ausgesagt, dass Gott selbst arbeitet und sich danach ausruht. Dabei arbeitete Gott bereits vor der Erschaffung des Menschen. Der erste gemeinsame Tag Gottes mit den Menschen war ein Ruhetag – der Schabbat. Die biblische Lehre von der Arbeit beginnt also mit einer Lehre von der Ruhe. Im weiteren Verlauf des Schöpfungsberichtes beschreibt das 1. Buch Mose (Genesis) die Arbeit einerseits als eine Folgeerscheinung des Sündenfalls und somit als Fluch: „Mühsam sollst du dich von ihm nähren alle Tage deines Lebens. Im Schweiße deines Angesichts sollst du dein Brot verzehren."[6] Andererseits bedeutet nach dieser Auffassung gerade dieser Fluch auch einen Segen für den durch den Sündenfall betroffenen Menschen: „Unser Leben währt 70 Jahre, und wenn es kostbar war, war es Mühe und Arbeit."[7]

Die Last, aber auch das Recht auf Arbeit, gehörte zu den Grundrechten des „gefallenen" Menschen. Nur in der Arbeit kann der Mensch zu sich selbst finden und sein Potenzial entfalten. Der Begriff der Arbeit wurde in den Schöpfungsberichten sowohl als Strafe als auch als höchste Erfüllung verwendet. Die Strafe „Im Schweiße deines Angesichts" verleiht dem Menschen erst die Chance, schöpferisch zu werden. Im ersten Buch Mose (1 Mose 2; 15) führt Gott den Menschen in den Garten Eden. Hier wird die Bestimmung des Menschen im Hinblick auf den Garten Eden charakterisiert: „Dass er ihn bebaue (*leabdah*) und bewahre (*leschamrah*)." *Leabdah* meint „dienen, bedienen" und *leschamrah* bedeutet „behüten und erhalten". Aufgabe des Menschen ist es demnach auch, die Schöpfungstätigkeit Gottes widerzuspiegeln. Die Arbeit im Paradies war eine Art Kulturauftrag, die Schöpfung zu gestalten und zu bewahren. Der Mensch gestaltete die Schöpfung, wobei die Individualität und schöpferische Freiheit des Menschen durch die Arbeit entfaltet wurde. Benedikt von Nursia, der Vater des Mönchtums, nimmt diesen Gedanken auf: Arbeit ist für ihn Teilhabe am Schöpfungswerk Gottes.

Die Grundsatzaussage im Schöpfungsbericht der Bibel, dass die Arbeit für den Menschen sowohl Fluch als auch Segen bedeutet, zieht sich seither wie ein roter Faden durch alle Jahrhunderte christlicher Weltanschauung, und es scheint, als ob jede Generation die Herausforderung auf ihre eigene Weise bestehen muss, auf welchen der beiden Pole – Fluch oder Segen – sie zusteuert. Es scheint, als würde der christliche Mensch zur Arbeit eine Art Hassliebe pflegen: Ohne Arbeit erlangt der Mensch sein Glück nicht und mit ihr oft genug nur selten.

Die Evangelien übernehmen die Sicht des Pentateuch. Arbeit gehört zur Schöpfung dazu. Man braucht sie zum Lebensunterhalt. Die christliche Auslegung der Bibel versteht Arbeit nicht nur unter dem Aspekt der Selbsterhaltung, sondern auch in dem Sinne, dass sie dazu dient, seine Mitmenschen zu unterstützen. Im vierten Kapitel des Briefes an die Epheser (Vers 28) schreibt Apostel Paulus: „Wer stiehlt, stehle nicht mehr, sondern arbeite mit den eigenen Händen, damit er habe mitzuteilen, dem, der es nötig hat." Mit den Früchten der Arbeit sollen die Menschen ihren Lebensunterhalt bestreiten und dazu in der Lage sein, anderen Menschen zu helfen.

Arbeit kann nach biblischem Verständnis allerdings auch durch Habsucht oder Arbeitswut pervertiert werden. Die Bibel warnt vor einer solchen Haltung, die Mitmenschen und ihre Bedürfnisse ignoriert und bei der der Besitz die Stellung Gottes einnimmt und somit zum Götzen wird. Sie warnt aber auch vor Sorge, die zu rastloser Arbeit führt, und genauso warnt sie auch vor Müßiggang und Gleichgültigkeit, die ebenso im Widerspruch zum Auftrag des Menschen stehen. Psalm 127, Vers 1 besagt: „Wenn der Herr nicht das Haus baut, so arbeiten die Bauleute daran umsonst."

Mit dem Verlust seiner Arbeit verliert der Mensch nach dieser Auffassung nicht nur die materiellen Grundlagen. Er verliert viel mehr. Ihm kommt ein wesentlicher Baustein abhanden, der sein Leben erst lebenswert macht. Ein Teil seiner Bestimmung löst sich auf. Denn erst der „Fluch" der Arbeit bietet dem Menschen die Chance, schöpferisch zu werden und seine Kreativität zu entfalten. In der Bibel wird die Arbeit als Notwendigkeit zum Lebensunterhalt bezeichnet. Sie ist einerseits Segen, andererseits Bürde, die in der natürlichen Schwäche und Hinfälligkeit des Menschen liegt. Arbeit gehört aber ebenso zur positiven Bestimmung des Menschen, da er seine Menschlichkeit durch sie entfaltet und am schöpferischen Tun Gottes teilhat. Dadurch macht die Arbeit den Menschen gleichzeitig auch erst zum Menschen.

Mit dem Gebot eines „arbeitslosen" Tages wird die biblische Vorstellung von Arbeit verständlich. Erst in der „Nicht-Arbeit", an einem Tag der völligen Ruhe und der Besinnung, kann der Mensch das Glück ermessen, arbeiten zu „dürfen". Wer den Ruhetag nicht nutzt, wird zum Knecht der Arbeit. Auch hier wird uns schon in den frühen Schriften der Menschheit indirekt die Gefahr vor Augen geführt, der Arbeit Diener zu werden und ihr gegenüber ein Suchtverhalten zu entwickeln. Gerade im Wechselspiel von Arbeit und Einkehr liegt die Grundlage für ein zufriedenes Leben. Auch im biblischen Kontext geht es beim Arbeiten nicht um Gewinnmaximierung und Anhäufung von Reichtum, sondern um Existenzerhaltung, verbunden mit der Kunst eines verantwortlichen Umgangs mit den eigenen Ressourcen. Die Ausbeutung anderer und Wucher gelten als Auswüchse von Egoismus und Gier. „Das Wenige, was ein Gerechter verdient, ist mehr wert als das Viele, das ein Gottloser sich erhascht."[8] Nur der Mensch, der Arbeit als integralen Bestandteil und als Segen in seinem Leben anerkennt und der den Inhalt und das wie der Arbeit höher bewertet, als das wie viel er verdient, darf mit langfristigem Wohlergehen rechnen. Das Produkt der Arbeit spielte eine sekundäre Rolle. Einen bleibenden Wert besitzt es ausschließlich, wenn es sich in die gegebene Werteordnung, inklusive der Fürsorgepflicht den Armen gegenüber, einfügt. Somit geben uns die seit Jahrtausenden überlieferten Schriften der (hebräischen) Bibel unter anderem eine Rahmenordnung für menschenwürdige Arbeit mit auf den Weg.

Das Mittelalter

Während in der Antike die für den Menschen wichtige Bedeutung der Arbeit als Wert an sich noch nicht im Fokus stand, verändert sich die Sichtweise mit Beginn des Mittelalters stufenweise in eine ganz andere Richtung. Unter verschiedenen historiografischen Interpretationsvarianten des Mittelalters sei die feudale Gesellschaft herausgegriffen: Diese Gesellschaft stützte sich auf drei Ordnungen: Beten, Arbeiten und Kämpfen (*orare, laborare, pugnare*). Grund und Boden waren die bestimmende Basis für Macht und Abhängigkeit. Zugleich zeichnete sich der Boden als wichtigster Produktionsfaktor aus. Die Last der produktiven Arbeit lag auf den Schultern der Bauern und Handwerker.

Die klösterlichen Ordensregeln im Mittelalter basierten auf dem biblischen Verständnis von Arbeit. Für die Benediktiner war Arbeit der zentrale Bestandteil ihres Alltags. Der abendländische Mönchsvater Benedikt von Nursia (geb. 480) gründete auf dem Monte Casino das später weltberühmt gewordene Kloster. Er wies der Arbeit als Bestandteil unseres Daseins einen heiligen Platz zu und wertete sie zu einer Art Sakrament auf. „Ora et labora" – der Leitspruch der Ordensregel der Benediktiner – prägte über Jahrhunderte hinweg das christliche Lebensbild. Als Benedikt von Nursia der Arbeit einen gleichen Wert zusprach wie den anderen Gelübden, negierte sein Orden damit erstmals die aus der Antike nachwirkende Auffassung von Fluch und Erniedrigung aller manuellen Arbeit. Er wertete die Arbeit zu einem Faktor leiblicher Gesundheit sowie geistiger Erneuerung und Ausgeglichenheit auf. Konkretes Handeln, Planen und Erfahren im Handwerk gab zugleich der geistigen Arbeit festen Grund. Die Arbeit diente nicht dem Profit, sondern stärkte die Kraft zur meditativen Versenkung. Die Geschichte ist voller Beispiele dafür, dass gerade der Verzicht auf die Fokussierung „Was bringt es materiell?" das Materielle nicht mindert, sondern sogar vermehrt.

Den Zugang zu solcher Arbeitseinstellung verstand man als Angebot. Niemand sollte dazu gezwungen werden. Unterstrichen wurde die Haltung zur Arbeit durch den Verzicht auf persönlichen Besitz. Dieser freiwillige Verzicht bescherte Lebensqualität und führte zum Entstehen schönster Kathedralen oder Klosterbibliotheken, wodurch Kultur und Wissenschaft wiederum befruchtet wurden. Der geistliche oder moralische Wert der Arbeit wurde viel höher bewertet als ihre materiellen Früchte, die den Klöstern trotzdem reichlich zuteilwurden.[9] Immer noch war im Zusammenhang mit der Arbeit das egoistische Prinzip des Raffens verpönt; vielmehr galt das Interesse dem Dienst an Gott und an den Armen. Weil die Arbeit selbst als tiefstes Sinnerlebnis im Mittelpunkt stand – und nicht ihr Ergebnis –, suchten schon früh vom „Burn-out" Geplagte wie Martin Luther oder der Graf von Zinzendorf in Castell die Gemeinschaft im Kloster und fanden dort unter dem „Ora et labora" ihr seelisches Gleichgewicht.

Die ehrbare Arbeit als Wert an sich wurde in der Folgezeit verknüpft mit Freiheit, Ehre und Bürgerrecht.

Der Kapitalismus begann sich zu entfalten, als spätmittelalterliche Kaufleute viel Geld brauchten, um ihre Geschäfte weit über die Ländergrenzen hinaus auszudehnen. Aus Handelshäusern wurden allmählich Geldhäuser.

Mit der Medici-Dynastie im Mittelalter (die Medici Bank wurde 1397 gegründet) und der Einführung der Zinspolitik wurden bereits Wurzeln für unsere heutige Wirtschaftsordnung gelegt, deren Philosophie wir stark verinnerlicht haben. Das Erheben von Zinsen auf ausgeliehene Beträge war bis dahin, bedingt auch durch die katholische Morallehre, streng untersagt. Wer damals von der Würde der Arbeit sprach, hatte noch keine Vorstellungen davon, wie Zinsen und Bankwesen später die Welt verändern würden.

Das Zinsverbot in der katholischen Morallehre war der Grund, weshalb das mit dem sich ausdehnenden Seehandel unverzichtbar gewordene Kreditgeschäft an Nichtchristen ausgegliedert wurde: Bald siedelte die aufstrebende Seemacht Venedig zu diesem Zweck eine größere jüdische Gemeinde in einem eigenen, durch eine Mauer abgetrennten Viertel ihres Stadtgebietes an. Das ambivalente Verhältnis von Abhängigkeit und Verachtung gegenüber den unverzichtbaren Kreditgebern überdauerte die Epochen. Mit der Medici-Dynastie wurde der Aufstieg des Bankiers zum entscheidenden Macht- und Wirtschaftsfaktor der modernen Welt offiziell. Das Bankensystem wurde später in die Großstädte Nordeuropas getragen.

In der Geistesströmung der deutschen Klassik war die Arbeit unabhängig von ihrem materiellen Nutzen die Grundlage eines erfüllten Daseins des Menschen. Sie wurde als Segen für den Menschen und als eine Zierde angesehen und war das Erkennungszeichen für eine ehrbare Existenz: „Arbeit ist des Bürgers Zierde, Segen ist der Mühe Preis; Ehrt den König seine Würde, Ehret uns der Hände Fleiß.“[10]

Einzelne Handwerke konnten sich in den mittelalterlichen Städten bis zur höchsten Blüte entfalten. Der Arbeiter konnte sich in den einzelnen Gewerken mit seinen besten Fähigkeiten so weit schöpferisch entwickeln, dass er sich ganz mit seiner Arbeit identifizieren konnte. Es blieb ihm genug Zeit zum Reifen und Vollenden seiner Kunstfertigkeit. Er verstand sich als Gehilfe eines metaphysischen Überbaues. So schuf die spätmittelalterliche Arbeitsstruktur Gipfelwerke abendländischer Kultur und lieferte das Vorbild für die Organisation der ersten Universitäten. Persönlichkeiten wie Albrecht Dürer zeigen, dass Arbeitsformen entstehen konnten, in denen Begabungen voll ausreiften, Menschen in ihrer Arbeit Erfüllung fanden und ihr Lebenswerk vollendeten.

Im Pietismus, der durch vertiefte Frömmigkeit und tätige Nächstenliebe die Orthodoxie zu überwinden suchte und nach der Reformation ab der zweiten Hälfte des 17. Jahrhunderts zu einer der wichtigsten Reformbewegungen im kontinentaleuropäischen Protestantismus wurde, entwickelte sich die Arbeit vorrangig als Medium der schöpferischen Entfaltung und diente zur Verbreitung der Volksbildung. Die freiwillige Selbstbeschränkung, persönliche Genügsamkeit und Bescheidenheit war eine der Leitideen der pietistischen Arbeitsphilosophie. Das pietistische Grundprinzip war die Liebe zu den Kindern, den Armen und den Entrechteten. Die von August Hermann Francke in Halle gegründeten Bildungsanstalten und Waisenhäuser waren neue Modelle im Umgang mit den sozialen Problemen der damaligen Zeit. Aus dem *„Pädagogium Regium“* ging ein Großteil der preußischen Beamten und Offiziere hervor. Der preußische Staat verdankt seine Blüte den Einflüssen des Pietismus. Angeschlossen an die Frank'schen Anstalten waren jeweils eine Papierfabrik, Druckerei, Apotheke und landwirtschaftliche Betriebe. Die Schüler wurden dort durch Praktika in ihrer Selbstfindung unterstützt und in ihren Begabungen gefördert. Die Arbeit galt als ein Medium der schöpferischen Entfaltung. Tugenden wie Fleiß, Verzicht oder Korpsgeist standen an erster Stelle. Von den zahlreichen christlichen Laienbewegungen hat keine so intensiv in den Arbeitsalltag hineingewirkt wie der Pietismus.

Frühe Neuzeit und der preußische Staat

Ab dem 17. Jahrhundert wich der metaphysische Aspekt der Arbeit (im Sinne des göttlichen Auftrages) mehr und mehr aus dem Bewusstsein der Arbeitenden. Ein neu aufbrechendes Selbstbewusstsein wertete die Arbeit als Mittel menschlicher Selbstverwirklichung und als Quelle von Selbstbewusstsein, Eigentum und Wohlstand auf. Arbeit im Sinne ihrer schöpferischen Qualität, als Kern menschlicher Identitätsbildung, stand nun im Mittelpunkt des Denkens. Mit dieser Verlagerung weg vom geistlichen Aspekt der Arbeit – im Sinne eines Sakramentes zur Ehre Gottes – hin zur eigenen Selbstverwirklichung wertete sich die Arbeit immer mehr als Wert an sich auf. Menschliche Würde und Erhabenheit waren eng mit dem neuen Wert der Arbeit verknüpft. Das aufbrechende reformatorische Denken, der sich zunehmend durchsetzende Kapitalismus sowie die Schriften der Aufklärer und Nationalökonomen beförderten diese Entwicklung. Mit dem vermehrten Abhandenkommen einer geistlichen Betrachtung der Arbeit steuerte der Trend auf ein sich immer stärker entwickelndes Problem zu, das uns bis zum heutigen Tage nicht zur Ruhe kommen lässt: Was ist mit den Menschen, die keine Arbeit haben? Woraus definieren diejenigen ihre Würde, die ihre Arbeit im Sinne einer Erwerbsquelle verloren haben? Revolutionen, der Kampf der Menschen ohne Arbeit und der Besitzlosen gegen die, die Arbeit und Besitz haben, beschäftigen uns auch gegenwärtig in unterschiedlichen Varianten.

Im preußischen Staat setzte sich die Vorstellung durch, dass Arbeit in erster Linie als Pflicht gegenüber der Allgemeinheit zu leisten ist. Es gab keinen Unterschied in der sittlichen Würde der Arbeit: Richter und Gelehrte arbeiteten ebenso gut und von der Allgemeinheit anerkannt wie der Soldat, Bergmann und Fabrikarbeiter.[11] Arbeit hing eng mit den Werten Maßhalten, Disziplin, Korpsgeist und Energie zusammen.[12]

Friedrich der Große fasste die entsprechende Geisteshaltung in folgende Worte: „Wir sind auf der Welt, um zu arbeiten, denn der Geist braucht etwas, das ihn beschäftigt, […] das seine Aufmerksamkeit fesselt; sonst ergreift ihn Überdruss und macht ihm sein Dasein zur unerträglichen Last.“[13] Unter Friedrich dem Großen entwickelte sich Preußen zum größten und modernsten Staat des damaligen Europas. Dies unter anderem auch deshalb, weil er sich in seiner Arbeitsethik nicht auf den materiellen Gewinn der Arbeit konzentrierte, sondern auf ihre inneren Werte wie Treue, Pflichtbewusstsein, Ehre, Gehorsam und Wahrhaftigkeit.

Aufklärung und Französische Revolution

Im 18. Jahrhundert wurde die Ständegesellschaft aufgelöst. Die Aufklärung kämpfte für die Gleichheit und Freiheit der Bürger. Mit ihren Denkansätzen und Ideen leitete sie die Auseinandersetzung zwischen den Besitzlosen und den Besitzenden ein, die das Kennzeichen des 19. Jahrhunderts werden sollte.

Der Prozess hatte einen fortschrittlichen Anschein. Es ging vordergründig um Freiheit und Gleichheit der Bürger. Die Arbeit wurde nach und nach vollständig aus ihrer metaphysischen

Bezogenheit herausgelöst und in ihrer materiellen, verrechenbaren Bedeutung als Erwerbsquelle aufgewertet. Eine der metaphysischen Dimension beraubte materialistische Deutung der Arbeit sollte sich aber als zu kurz gegriffen erweisen. Der Mensch leitete seinen Selbstwert fortan von seiner bezahlten Arbeit ab, verstand sich als Produktionsfaktor. Wenn er seine Arbeit nicht mehr verrechnen konnte, stand er auf der Seite der Verlierer. Eine Welt der Gewinner und der Verlierer etablierte sich.

Das Jahr 1776 wurde zu einem Wendepunkt. Die Vielzahl bedeutender Erfindungen beendete das Intermezzo einer vierhundertjährigen Blütezeit des Handwerks. Es trat wieder der Geruch der Sklavenarbeit auf. Zunächst gegenüber den Fabrikherren, gefolgt von Maschinen und Sachzwängen. 1776 erfand James Watt die erste industriell verwendbare Dampfmaschine, und Adam Smith veröffentlichte das bis heute die Wirtschaft bestimmende Buch „Vom Reichtum der Völker", eine Untersuchung über Wesen und Ursachen des Wohlstandes der Gesellschaften. In der Folge entwickelte sich unser technisch-ökonomisches System.

Der Siegeszug der mechanischen Webstühle sei als exemplarischer Auslöser für eine unheilvolle Entwicklung der Arbeit erwähnt. Die Fabrik mit Tausenden Arbeitern wurde zur kennzeichnenden Form industrieller Produktion. Der Begriff der Arbeit wurde schlagartig reduziert auf Fabrikarbeit, das heißt prekäre Lohnarbeit. Die Arbeiter hatten so gut wie keine Rechte, konnten jederzeit entlassen werden, die Verletzungsgefahr war extrem hoch, die Fabriken konnten jederzeit dichtmachen und auch die Wohnverhältnisse der Arbeiterschaft waren miserabel. Die Maschine sollte rund um die Uhr laufen. Sie trat die Herrschaft an. Sie diktierte Zeit und Maß menschlicher Arbeit. Arbeit und Sinn (Erfüllung) war kein Thema mehr.

Trotz der vielfältigen negativen Auswirkungen der Erfindungen auf die Arbeiter sind diese sowie andere wegweisende Innovationen nicht zu verurteilen. Wohl aber sollten wir uns zu jedem Zeitalter der Auswirkungen technologischer Neuerungen auf die

Arbeit und Würde des Menschen viel bewusster werden und diese durch Technikfolgenabschätzung im Vorfeld betrachten.

Fortschreitende Industrialisierung und freie Marktwirtschaft

Im 19. und 20. Jahrhundert verkürzte sich das Verständnis von Arbeit weiter auf die Erwerbsarbeit. Im Industriezeitalter avancierte die Arbeit zum alles bestimmenden sozialen und politischen Faktor. Machtblöcke formten sich: die Arbeitgeber mit ihren Interessen gegenüber den Bedürfnissen der Arbeitnehmer in abhängiger Erwerbsarbeit. Die Arbeit wurde zum Gegenstand marktwirtschaftlicher Tauschvorgänge. Der Kapitalismus entwickelte sich zum weltweit dominanten Prinzip des wirtschaftlichen Lebens.

Mit dem Fabriksystem begann die Trennung von Arbeits- und Wohnstätte. Alte Lebensgewohnheiten wurden aufgegeben und Sicherheit vermittelnde Routinen gingen verloren. Nicht nur der Ort, sondern auch die Zeit wurde auseinandergerissen. Jetzt war die Zeit in Phasen des Arbeitens und Erholens getrennt. Es entstand ein neues Zeitgefühl. Alles wurde in Stunden und Minuten gemessen. Man begann, auf die Uhr zu schauen. Der Mensch und die Zeit verloren immer mehr ihre metaphysische Dimension zugunsten eines Warenwertes, den es maximal auszuschöpfen galt.

Die Arbeit bekam ihre eigene Zeit, ihre eigenen Regeln, ihren eigenen Ort: Freizeit und Arbeitszeit, Familie und Beruf. Das war zuvor noch anders, als die Menschen ihren Lebensunterhalt nicht aus einer Quelle allein, sondern aus der Verknüpfung mehrerer Erwerbsquellen bestritten. Die Arbeit wurde zur Grundlage der persönlichen Identität. Der Mensch definierte sich fortan in seinem Wert immer mehr durch die Arbeit. Daher wird auch heute häufig von der Arbeit gesprochen, wenn von Erfolgen erzählt wird. Nur derjenige, der sich auf geleistete Arbeit berufen kann, hat einen Anspruch auf soziale Anerkennung und politischen Einfluss. Das Selbstverständnis, die gesellschaftliche Identität, wurde auf dem Ansehen eines speziellen Berufsbildes, einer speziellen hierarchischen Position aufgebaut. Immer mehr Menschen aber gerieten auf die Verliererseite, weil sie entweder keine Arbeit mehr hatten oder aber viel zu viel arbeiten mussten und das Auskommen trotzdem nicht reichte.

Die Arbeit im Spannungsfeld von Segen und Fluch teilte die Menschheit in zwei Gruppen: in Sieger und Verlierer. Das Verständnis von Arbeit im Sinne der Erwerbsarbeit gewann schließlich derart an Oberhand, dass man eine weitere Betrachtungsweise von Arbeit, die Jahrhunderte hindurch galt, ganz aus dem Bewusstsein verlor. Übrig blieb nur noch die Arbeit, durch die man Einkommen erzielte. Die Erfolgreichen erfuhren nun eine Anerkennung, die sie zuvor durch obrigkeitsgeregelte Arbeit oder durch unbezahlte Arbeit nicht erreichen konnten. Die nicht Erfolgreichen erlebten das Gegenteil: Ihre Erwerbslosigkeit zerstörte ihre Persönlichkeit.

Die Kirchen hoben sich in ihrem Verständnis von Arbeit nicht mehr grundlegend vom Trend der Zeit ab, im Gegenteil: Es entstand, was der Soziologe Max Weber zu Beginn des 20. Jahrhunderts „die protestantische Ethik und der Geist des Kapitalismus" nannte. Wer nicht arbeite, vergehe sich an Gott. Diese religiöse Haltung nutzte dem neuen Wirtschaftssystem des Kapitals, das dringend Arbeitskräfte brauchte. Die einseitige Klammer eines Denkens von Arbeit als Erwerbsarbeit verengte sich: Wer arbeitet, ohne dass er etwas verdient, ist nichts mehr wert. Das entspricht nicht der Überzeugung eines Benedikt von Nursia.

Die Arbeit im Kapitalismus und Kommunismus

Im Zusammenhang mit den dramatischen Veränderungen bekam die Wachstumswirtschaft eine fortschreitende Akkumulationsdynamik. Das Prinzip der Gewinnmaximierung wurde immer wichtiger. Die Arbeit wurde zu einer zu verkaufenden Ware degradiert. In seinen späteren Schriften reduzierte Karl Marx die Arbeit auf einen durch Geld messbaren Warenwert. Die Beziehungen der Menschen untereinander sind nach Marx ein Warenaustausch.[14]

Mit Marx wurde der Begriff der Arbeit aus dem Verständnis als ein Medium, in welchem sich der Mensch entfaltet, herausgerissen. Der Mensch wurde zum materiellen Wert, der nach Frischegrad und Updating-Potenzial beurteilt wurde. Das kommunistische und das kapitalistische Verständnis nehmen sich hier nichts. Sie unterscheiden sich in der Art und Weise der Verteilung, nicht aber in ihrer Philosophie über den Warenwert des Menschen.

Die Auseinandersetzung, in die wir heute eintreten müssen, beinhaltet die Frage, welchen Raum wir der Qualität der Arbeit außerhalb ihrer materiellen Bewertung in Zukunft zuerkennen wollen. Dass der Mensch in seiner Arbeit körperlich Schaden nahm, war das Werk des Frühkapitalismus, dass er zusätzlich in seiner Arbeit geistig verkümmerte, war das Werk von Karl Marx. Nicht nur der Raubbau an der Seele der Menschen, auch der Raubbau an der Umwelt ist die Folge eines Denkens, das auf rein ökonomische Ziele konzentriert ist. Der Verlust an Lebenssinn kann niemals durch Geld ersetzt werden. Die bis heute immer mehr auseinanderklaffende Schere zwischen Gewinnern und Verlierern ist eine Anklage gegenüber einer Gesellschaft, die aus der Verkümmerung ihrer übergeordneten Ziele, bei allem Wohlstand nicht mehr fähig ist, dem Einzelnen das Recht auf eine erfüllte Arbeit zu gewährleisten.

Nach Marx ist die gesellschaftlich nützliche Arbeit auch dasjenige Merkmal, das den Menschen vom Tier unterscheidet. Nur der arbeitende Mensch verdiene es demnach, als Mensch bezeichnet zu werden. „Held der Arbeit" zu werden war in der DDR die höchste erreichbare Auszeichnung oder, wie Professor Rüthers es ausdrückt, „die systemspezifische Form des real sozialistischen Hochadels".[15] Nicht zuletzt führte die einseitige Überbetonung und verkürzte Betrachtungsweise von Arbeit als Kapital zum Ende des materialistischen Sozialismus.

Nach dem Zweiten Weltkrieg entstand als Reaktion auf die politisch ruinösen Folgen der Weltwirtschaftskrise und die Kommandowirtschaft der NS-Diktatur die soziale Marktwirtschaft. Es entwickelte sich eine flutartige Zunahme der Automatisierung und später der Digitalisierung unserer Gesellschaft.

Die Kluft zwischen qualifizierter und hoch bezahlter Arbeit sowie einfacher, sehr schlecht bezahlter Arbeit ist seither größer geworden und trägt zur Etablierung einer Zweiklassengesellschaft bei.

Die Arbeit im 21. Jahrhundert

Die soziale Marktwirtschaft hat bis Mitte des 20. Jahrhunderts den Menschen den Eindruck vermittelt, dass jeder ein Recht auf einen festen Arbeitsplatz und entsprechende Sozialleistungen hat. Die Wirklichkeit hat aber meistens ein nüchterneres Bild vermittelt. Über die Beiträge der Arbeiter und Arbeitgeber wurde das System des Sozialstaates finanziert. Erwerbsarbeit und soziale Absicherung wurden verknüpft. Dieses System steht heute weltweit unter Druck.

Stehen wir vor einer historischen Wende? Dem Letzten wird klar, dass Arbeit unter der Prämisse ihrer materiellen Ausbeute und des exponentiellen Wachstums im Sinne des marktliberalen Denkens in einer Welt begrenzter Ressourcen kein tragfähiges Zukunftsmodell sein kann. Der Aspekt der Nachhaltigkeit und der Würde der Arbeit muss einen dramatisch neuen Stellenwert einnehmen. 1972 wurde der Bericht „Die Grenzen des Wachstums" des Club of Rome zur Lage der Menschheit veröffentlicht und avancierte zu einer der erfolgreichsten Buchveröffentlichungen unserer Zeit. Aurelio Peccei, Mitbegründer des Club of Rome, verband mit diesem Buch die Erwartung, der Weltbevölkerung das benötigte Verständnis für weltwirtschaftliche Zusammenhänge zu vermitteln. Das Bewusstsein für die Notwendigkeit dieses großen Schritts ist erst ein halbes Jahr-

Tab. 1: Der Wandel des Arbeitsverständnisses im Zeitverlauf

	Rolle der Arbeit
Antike	Arbeit ist negativ belegt (Nicht-Muße) Arbeit außerhalb der Bedürfnisbefriedigung ist kein erstrebenswertes Ziel Geldverdienen als Selbstzweck zerstört die Gemeinschaft Arbeit als Dienst menschlicher Gemeinschaft
Biblisch-theologische Aussagen	Arbeit als Fluch und Segen zugleich Arbeit als Schöpfungsauftrag (behüten und erhalten) Arbeit zur Unterstützung anderer Arbeit bietet die Möglichkeit, „schöpferisch" tätig zu sein Der Gleichklang zwischen Ruhen und Arbeiten ist wichtig für ein zufriedenes Leben Das Produkt der Arbeit ist weniger bedeutend als die Arbeit selbst, die als eine Art von Sakrament verstanden wird
Mittelalter	Ora et labora (Bete und arbeite) Verzicht führt zu mehr Lebensqualität Der geistliche oder moralische Wert von Arbeit wiegt mehr als der durch die Arbeit geschaffene materielle Wert Ehrbare Arbeit steht in Verbindung mit Freiheit, Ehre und Bürgerrechten
Klassik	Arbeit als eigenständiger Wert unabhängig vom materiellen Nutzen
Pietismus	Arbeit als Mittel zur Entfaltung Verzicht und Selbstbeschränkung Hilfe für Arme und Entrechtete als Leitgedanke
17. Jahrhundert	Arbeit als Selbstverwirklichung Arbeit als Kern menschlicher Identitätsbildung Das Verständnis für die Arbeit als solche im Sinne einer wesentlichen Grundlage für das Wohlergehen und die Bewahrung der Würde des Menschen tritt mehr und mehr in den Hintergrund

→

	Rolle der Arbeit
Preußischer Staat	Arbeit als Pflicht und Tugend gegenüber der Allgemeinheit Keine hierarchische Wertigkeitsskala von Arbeit oder Berufsständen; alle Berufsstände haben das gleiche Ansehen Arbeit wird mit Attributen wie Maßhalten, Disziplin und Korpsgeist verbunden
18. Jahrhundert	Materielles Arbeitsverständnis
19. und 20. Jahrhundert	Herabstufung des Verständnisses von Arbeit auf Erwerbsarbeit Arbeit als bestimmender sozialer und politischer Faktor Arbeit als zu verkaufende Ware Arbeit und Arbeitsleistung als Produkt Der Mensch als Ware
Arbeit heute	Der auf Markterfolg reduzierte Mensch? (siehe Kapitel I.2)

hundert später ruckartig bei der Mehrheit der Menschen angelangt. Welche gesellschaftspolitischen Folgen diese spät erlangte Erkenntnis auf unsere demokratischen Strukturen und auf unsere Lebensführung haben wird, ist weitgehend noch unbekannt. Wir brauchen deshalb neue Denkmuster, die zeitlos und von grundsätzlicher Natur sind. Anders können wir der Undurchschaubarkeit immer komplexerer Systeme, die auf uns zukommen werden, nicht begegnen.

Die immer sichtbarer werdenden Risse eines Verständnisses von Arbeit, das in den letzten 200 Jahren auf der als selbstverständlich vorausgesetzten Grundlage unerschöpflicher Ressourcen beruhte, führen uns gerade in einen Ausnahmezustand, den niemand vorausgesehen hat.

In unserer Leistungsgesellschaft haben die Jahre des schnellen Geldes eine Einstellung zur Arbeit unterlaufen, die über Jahrhunderte hinweg für die Würde des Menschen grundlegend war und seinen inneren Kompass ausgemacht hatte.

I.2 Arbeit heute: Wird der Mensch auf seine Markteffizienz reduziert?

Der Mensch aber ist keine Sache, mithin nicht etwas, das bloß als Mittel gebraucht werden kann.

Immanuel Kant (deutscher Philosoph, 1724–1804)

Die gegenwärtige Arbeitsmarktsituation aus der persönlichen Wahrnehmung eines Coaches für Führungskräfte

Einen guten Eindruck von dem, was gerade los ist auf dem Arbeitsmarkt, erhält man durch ein aufmerksames Studium der unzähligen offenen Stelleninserate.

Um der menschlichen Unzulänglichkeit etwas entgegenzusetzen, suchen Unternehmen zurzeit nach immer höher qualifizierten Mitarbeitern auf einem leer gefegten Arbeitsmarkt.

Dabei fällt besonders auf, dass überproportional Führungskräfte gesucht werden, die alles können müssen und in Bezug auf ihre Belastbarkeit eine Mischung aus Eier legender Wollmilchsau und antibiotikaresistenter Kanalratte darstellen.

Die starken Männer sind gefragt, Sanierer, die Kosten und Arbeitsplätze minimieren und aufräumen können; die belastbar sind, robust und unsentimental. Man sucht nach Menschen mit „übermenschlichen" Qualitäten, die Dinge bewältigen können, die auf Dauer nur die künstliche Intelligenz, eine Maschine oder ein Roboter bewerkstelligen kann, die ohne Pause arbeitet, die keine Anerkennung braucht, die keine familiären Bindungen besitzt, die niemals traurig ist, die keine Sehnsucht nach Liebe hat, die sich niemals auf etwas zu freuen braucht. Man muss alles ohne Verzögerung können, überall einsatzbereit sein, sich ständig in jeden neuen Arbeitsprozess einfügen und hochdifferenziert allen Anforderungen genügen. Man muss beweglich, dynamisch, aufgeschlossen, initiativ, teamfähig, selbstständig, kundenorientiert, innovativ, unsensibel, robust und belastungsfähig sein.

Die Personalberater beurteilen den Bewerber danach, wie nützlich er für sie ist. Sie taxieren ihn wie eine Ware auf dem Markt nach dem Gebrauchswert. Er wird sortiert und aussortiert. Die Intelligenztests, Eignungstests, Fragebögen und Personalakten sind Symbole unserer Zeit. Immer wieder, ein ganzes Leben lang, wird der Mensch so zu einer Art Stellenbewerber, der Platz zu nehmen hat, damit seine Verwendungsmöglichkeiten geprüft werden – von Personalchefs, Managern, Bildungsexperten und Psychologen. Den prüfenden Blick haben sie alle gemeinsam. Und dann wird er Schubladen zugeordnet, etwa wie „geeignet" oder „nicht geeignet", „qualifiziert", „unterqualifiziert", „überqualifiziert" oder „nicht qualifiziert", „können wir gebrauchen" oder „können wir nicht gebrauchen", „ist für uns wertvoll" oder „ist für uns wertlos". Ist er nicht mehr „nützlich", dann ist er nicht mehr „sinnvoll" und wird in irgendeiner Form degradiert – beruflich, gesellschaftlich und persönlich. Der moderne Mensch, dessen individuelle Freiheit und selbstbezogenes Entfaltungsrecht vordergründig so in den Mittelpunkt gerückt wird, wird zu einem Mittel zum Zweck, ohne dass er es merkt. Er wird zum „Human Tool". Wichtig ist nicht mehr seine einmalige Persönlichkeit, sondern seine Verwendbarkeit, seine Leistungsfähigkeit, seine Kompatibilität. Wer keine Leistungen vorweisen kann, wird wertlos, wer keinen Nutzen bringt, ist entbehrlich.

Der Sinn des arbeitenden Menschen wird auf seine Verwendbarkeit reduziert (Kraft, Bildung, Alter, Verwendbarkeit, Update-Potenzial).

Sind wir heute an einem Punkt angelangt, an dem der Mensch sein bisheriges Alleinstellungsmerkmal als derjenige, der die Wirtschaft zum Wachsen bringen kann beziehungsweise ihren Prozess proaktiv gestaltet, einbüßt? Wird der in seiner Natur nicht perfekte und nicht fehlerfreie Mensch gegenüber der Präzision und Effizienz der künstlichen Intelligenz zum Risikofaktor? Verliert er seinen Anspruch auf Gestaltungshoheit? Verliert er den Überblick? Haben wir überhaupt noch die Chance, die Richtung der Zukunft zu gestalten, oder können wir nur noch hinterherlaufen und reagieren? „Die Zukunft braucht uns nicht." Diese Behauptung von Bill Joy (Mitbegründer und Vordenker der Computerfirma Sun) wurde bereits 2000 auf dem Titelblatt des amerikanischen Magazins „Wired" abgedruckt.[16]

Hinter uns liegt eine Zeit der Hybris, der Anmaßung. Das geltende Berufsbild des CEOs brachte in den letzten Jahren oft die falschen Leute in die obersten Positionen. Die Verwaltungsräte suchten Universalgenies. Die CEOs als verspätete Nachkommen eines industriegesellschaftlichen Unternehmertums wirken oft unbeholfen in einer Marktgesellschaft, deren Wirtschaftsprozesse sich plötzlich nicht mehr in heftigen Ausschlägen von Konjunkturzyklen durch die Zeit bewegen. So bewerten sie die kühlen Tage immer nur als kurze Unterbrechung des Hochsommers und verheißen zur Überwindung der Krise den alten Frühling.

Viele haben den Mut zu jeglichem Glauben verloren. Sie versuchen, etwas Elementares zurückzugewinnen, und sie finden sich doch mit einem Leben ab, das keine Sinnfragen mehr beantwortet, sondern den Sinn im Trubel des Alltagsgeschäftes und im Streben nach persönlichem Wohlstand sucht.

Die sich schnell verändernde Industrie- und Konsumgesellschaft verstand es perfekt, Bedürfnisse zu befriedigen. Aber ein zutiefst menschliches Bedürfnis, das zukunftsweisend für eine neue Kultur der Arbeit ist, wurde nicht gestillt: das Streben nach einem Sinn. Dieses Bedürfnis muss heute wieder hörbar und mutig proklamiert werden. Viele besitzen genug, bisweilen übergenug, wovon sie leben können. Aber wissen wir auch, wofür wir leben, wozu wir imstande wären? Wir haben die Lebensmittel, aber wie sieht unser Lebenszweck, Lebenssinn aus?

Schaut man genauer hin, erkennt man durchaus das Bedürfnis, eine wertvolle Beschäftigung auszuüben und nachhaltig zu handeln. Überall versuchen wir zurzeit, Grenzen zu überwinden, und fühlen uns zugleich doch unfähig dazu. Wir können in Bezug auf die Würde der Arbeit weiter denken, als es unser konsumverkürztes Denken zulässt. Viele leiden gleichzeitig an ihrer Mutlosigkeit und gefühlter Ohnmacht, diesen Raum zu durchbrechen. „Was kann ich als Einzelner schon tun?", bekennen sie resigniert.

In den meisten Ziel- und Zweckvorgaben, die uns angeboten werden, stellen wir fest, dass in Ausblendung jeglicher spiritueller Dimension Ziele und Wege vertauscht werden. Kurzfristige Mittel und Wege des Lebens werden gleich selbst zum Lebensziel deklariert. Irgendwann betrachten wir uns nur noch von unserer Funktionstüchtigkeit her; warum wir überhaupt funktionieren sollen, ist kein Thema. So werden die Mittel immer perfekter, die Ziele verworrener. Wenn wir Wege zu Zielen machen, laufen wir aber Gefahr, das einzubüßen, was die Würde des arbeitenden Menschen ausmacht. Wir verlieren die Dimension, die uns letztlich die Basis für nachhaltiges Arbeiten gibt.

Was bleibt uns an Würde, wenn Leistungskraft und Gesundheit eines Tages nicht mehr auf dem Höchststand sind? Diese bange Frage wird in manchen unserer Beratungsgespräche erörtert. Solange es ihnen noch gut ging, stellten sich die wenigsten diese Frage. Viele verwenden zu viel Energie auf Belanglosigkeiten und auf vermeintliche Probleme.

In Gesprächen mit Führungskräften begegnet mir manchmal ein Anflug von Wehmut, wenn diese von ihrem beruflichen Werdegang sprechen und dabei plötzlich realisieren, dass sie zu viel Kraft in ihr berufliches Vorwärtskommen gesteckt haben oder zu wenig Zeit in das, was ihnen wirklich wichtig war. Wenn ihnen bewusst wird, wie wenig sie ihre Freiheit ausgekostet oder wie wenig sie in entscheidenden Momenten für das, was ihnen wirklich wichtig war, Zivilcourage und Mut bewiesen haben.

Vor einiger Zeit begegnete ich im Foyer eines Berliner Hotels dem Geschäftsführer eines weltweiten Elektronikkonzerns. Als ich ihn beiläufig fragte, welche Träume er als Kind hatte und welche er davon in seinem Berufsleben erfüllen konnte und welche Träume er noch heute habe, wurde er plötzlich schweigsam und fing zunächst leise, dann ganz laut an zu schluchzen, sodass Gäste des Hotels sich verwundert umdrehten. Nachdem er seine Fassung wiedergefunden hatte, sagte er: „Als Sie diese Frage stellten, lief vor meinen Augen mein Arbeitsleben wie ein Film ab, und ich realisierte, wie wenige von meinen Träumen und Hoffnungen in Erfüllung gegangen waren, wie viel ich versäumt habe, was ich alles nicht mehr nachholen kann und wie viel ich unterlassen habe." – Ich ging an diesem Abend betroffen nach Hause. Die Offenheit dieses Mannes hatte mich beeindruckt. Wir verloren uns nach dieser Begegnung aus den Augen. Vergessen habe ich ihn aber nie. Dann läutete noch einmal das Telefon: „Erinnern Sie sich noch an Berlin, als Sie mir die Frage im Hotel stellten?" Auch er hatte diese Begegnung nicht vergessen.

Der Markt ist der Diener des Menschen, der Mensch ist nicht der Sklave des Marktes!

Manche, die stöhnen, vergessen, dass sie selbst es waren, die mit ihren Entscheidungen diese Bedingungen geschaffen haben, denen sie sich jetzt so ausgeliefert fühlen. Es handelt sich um die Geister, die sie selbst gerufen haben und die nun Gehorsam erwarten. Der Arbeitsmarkt ist auch heute keine unbeeinflussbare Gegebenheit. Er ist kein Naturgesetz, sondern Produkt menschlichen Denkens und Handelns. Wir müssen unsere Leitbilder neu hinterfragen und damit aufhören, in uns schlummernde Vorstellungen und Werte der Idee des sogenannten freien Marktes unterzuordnen.

Wir sind aufgefordert, ganz neu über unser Verständnis von Arbeit nachzudenken.[17] Für die Verantwortlichen wird die Kernfrage lauten: Welche Arbeit wollen wir? Welchen Gestaltungsfreiraum haben wir noch? Auf welche veränderte soziale und persönliche Zukunft müssen die Menschen vorbereitet werden?

Die Aufforderungen wie die von David de Pury in seiner neoliberalen Kampfschrift „Mut zum Aufbruch" „zu einem tiefgreifenden und permanenten Mentalitätswechsel" – „zur Mentalität des totalen Leistungswettbewerbs" – sollten uns hellhörig machen. Welcher Geist steckt hinter Sätzen, die keine Alternative lassen, die Selbstbehauptung und Erfolgsmaximierung als Inbegriff einer unternehmerischen Lebensform für obligatorisch erklären und die dann die verinnerlichten Sachzwänge ins Normative wenden? Wir stehen vor der ethisch-politischen Frage, ob wir in der Mitte des 21. Jahrhunderts noch den Willen aufbringen, das freiheitlich-demokratische Ideal einer Arbeitergesellschaft und seine Voraussetzung der Chancengleichheit, der Gerechtigkeit und der Solidarität unter veränderten Umständen neu zu überdenken und Reformen zu seiner Erneuerung anzupacken, oder ob wir das Ganze unreflektiert der Dominanz des Marktes überlassen. Dieser Reflexion werden wir uns in den nächsten Kapiteln zuwenden.

Wir reden so viel von Freiheit. Wenn wir von Freiheit reden, sollten wir dazusagen, welche Freiheit wir meinen, und wir sollten mehr darüber nachdenken, ob die Vergrößerung der einen Freiheit nicht meistens die Beeinträchtigung einer anderen Freiheit bedeuten könnte, die für uns langfristig wichtiger wird. Wir müssen zwischen ethischer und ökonomischer Freiheit unterscheiden. Ökonomische Freiheit bezeichnet einen quantifizierbaren Sachverhalt, im Unterschied zum qualitativen Charakter ethischer Freiheit. Es geht nicht darum, den Markt frei zu machen, sondern die Menschen für die wesentlichen Dinge des Lebens zu befreien. Es geht darum, darüber nachzudenken, warum so viele an zunehmenden Ängsten und dem Gefühl eines inneren Vakuums leiden. Entscheidend bleiben die Dinge jenseits von Angebot und Nachfrage, von denen Sinn, Würde und innere Freiheit in einer anspruchsvollen Arbeitswelt abhängen.[18]

I.3 Arbeit in der Zukunft – Würdelose Maloche oder sinngeleitetes Tätigsein?

„Es kommt nicht darauf an, die Zukunft vorherzusagen, sondern auf die Zukunft vorbereitet zu sein."

Perikles (griechischer Staatsmann, 490–429 v. Chr.)

Lassen Sie uns unsere Reise in die Arbeitswelt von morgen antreten und reflektieren, auf welches Spektrum an Szenarien wir uns einzustellen haben. Was wir aus diesen Szenarien machen und wie wir diese steuern beziehungsweise ihnen entgegensteuern oder uns ihnen ausliefern, liegt an uns. Wir verzichten dabei auf Prophezeiungen. Die meisten Prophezeiungen zeichnen sich ohnehin dadurch aus, dass sie sich nicht ereignet haben. Und die meisten Ereignisse dadurch, dass sie niemand prophezeit hat.

Wir wollen die Reihe an Szenarien zur Arbeit von morgen bewusst mit einer optimistischen und hoffnungsvollen Perspektive eines erfahrenen Spitzenmanagers beginnen. Ferri Abolhassan ist der Überzeugung, dass mit einer mutigen Integration von technischen Innovationen in unser berufliches Leben die Qualität menschlichen Zusammenlebens in der Zukunft profitieren wird. Der Mensch wird in seinem Bedürfnis, seine einzigartige Würde zu bewahren, dadurch unterstützt.

Anschließend soll die Beschreibung unterschiedlicher Szenarien uns dabei unterstützen, die Konsequenzen von möglichen Entwicklungsperspektiven selbst zu interpretieren. Die Optionen sollen dabei das Spektrum an Möglichkeiten aufzeigen und als Grundlage dienen, mögliche Auswirkungen besser einordnen zu können, Handlungsbedarfe zu erkennen und über die eigenen Fähigkeiten, Veränderungen zu gestalten, Klarheit zu gewinnen. Gerade vielen Ängstlichen oder Resignierten sei dadurch vermittelt, dass eine in sich ruhende, positive und dem Menschen zugewandte Persönlichkeit zu einer lebenswerten Zukunft beitragen kann.

I.4 Die Superkraft Mensch in einer digitalen Arbeitswelt

Von Dr. Ferri Abolhassan, Vorstand T-Systems, Vorstandsmitglied der Deutschen Telekom AG, Herausgeber von Fachliteratur zu ICT- und Managementthemen

Headlines:
„Roboter bedrohen 50 Prozent der US-Jobs"
(Rheinische Post, 19. März 2014)

„Computer können Jobs von 4,4 Millionen Deutschen übernehmen" *(Handelsblatt, 15. Dezember 2015)*

„800 Millionen Jobs sollen weltweit durch Automatisierung verloren gehen" *(heise.de, 30. November 2017)*

„Fast jeder fünfte Job durch Automatisierung gefährdet"
(Wirtschaftswoche, 25. April 2019)

In den vergangenen zehn Jahren wurden wir regelmäßig mit solchen oder ähnlichen Schreckensszenarien konfrontiert. Die zugrunde liegenden wissenschaftlichen Studien überboten sich in ihren Prognosen, welche negativen Folgen die fortschreitende Digitalisierung auf unsere Arbeitswelt haben wird. Ängstliche Zeitgenossen konnten den Eindruck gewinnen, dass wir auf eine Massenarbeitslosigkeit historischen Ausmaßes zusteuern.

Die Realität sieht bisher ganz anders aus: Trotz Coronapandemie, Russlands Angriffskrieg gegen die Ukraine, Energiekrise, Inflation und Materialknappheit hat die Zahl der Erwerbstätigen in Deutschland ein Rekordniveau erreicht. „Im Jahresdurchschnitt 2022 waren rund 45,6 Millionen Menschen […] er-

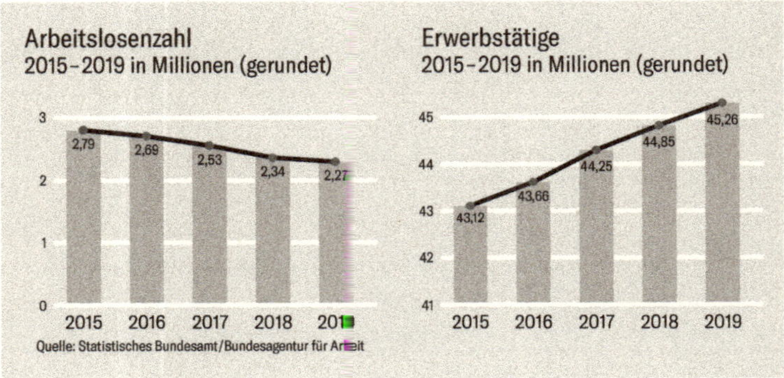

Abb. 1: Entwicklungen von Arbeitslosigkeit und Erwerbstätigkeit in den vergangenen fünf Jahren

werbstätig. Das waren so viele wie noch nie seit der deutschen Vereinigung im Jahr 1990", vermeldete das Statistische Bundesamt im Januar 2023. Die Arbeitslosenquote sank 2022 um 0,4 Prozentpunkte auf 5,3 Prozent. Damit hat sie fast wieder das Vor-Corona-Niveau von 5,0 Prozent erreicht – den niedrigsten Stand seit der Wiedervereinigung.

Automatisierung, Robotisierung und Künstliche Intelligenz haben somit allen Unkenrufen zum Trotz bislang nicht zu Millionen neuer Arbeitsloser geführt. Tatsächlich sprechen Experten mittlerweile sogar von einer „Arbeiterlosigkeit". „Trotz Krise klafft das Angebot zwischen offenen Stellen und Bewerbern weit auseinander. Gefragt ist die gesamte Bandbreite an Beschäftigten", stellte die Tageszeitung „Die Welt" im Januar 2023 fest. Die Nachfrage nach Arbeitskräften beschränke sich „längst nicht mehr nur auf sehr spezialisierte Profile wie IT-Experten oder Software-Entwickler". Auch Mitarbeiter, die das alltägliche Leben am Laufen halten, seien stark gefragt. In manchen Bereichen habe die Pandemie „wie ein zusätzlicher Katalysator gewirkt". Menschen in der Logistik zum Beispiel seien so begehrt wie nie. Auch die Nachfrage nach Pflegekräften reiße nicht ab.

Bedeutet das nun, die Studien liegen alle falsch? Hat die Digitalisierung keinerlei Auswirkungen auf den Arbeitsmarkt? Doch, die hat sie! Für mich steht außer Frage: Die vierte industrielle Revolution hat bereits begonnen. Die digitale Transformation wird zwar auch auf absehbare Zeit nicht zu einer Massenarbeitslosigkeit führen, doch sie wälzt die Beschäftigung weltweit nachhaltig um: Viele einfache Tätigkeiten werden tatsächlich verschwinden, andere Aufgabenprofile werden sich durch das Zusammenspiel von Mensch und Maschine weiterentwickeln und viele neue Jobs (von denen wir heute zum Teil noch keine Vorstellung haben) werden entstehen.

Denn wie eine Studie des Instituts der deutschen Wirtschaft Köln e. V. zeigt, sind Roboter und moderne Maschinen nach wie vor keine ernsthafte Konkurrenz für den denkenden und empathischen Arbeitnehmer – ganz im Gegenteil: Die Digitalisierung des Arbeitsmarktes schaffe mehr Jobs, als sie gefährde. „Es gibt keinen Grund zur Sorge. Schon die Vergangenheit habe gelehrt, dass technischer Fortschritt am Ende mehr Jobs und mehr Wohlstand gebracht habe und nicht weniger", so die Studienautoren.

Roboter können den Menschen nicht ersetzen

Das deckt sich mit meiner Überzeugung und meinen Erlebnissen, als ich von 2017 bis Ende 2023 den Sales- und Servicebereich der Telekom geleitet habe: Technische Lösungen wie Robotic Process Automation (RPA), Robotic Desktop Automation (RDA) und KI-Chatbots können den Menschen bereits an vielen Stellen im Arbeitsalltag entlasten und unterstützen. RPA etwa ahmt manuelle Bürotätigkeiten wie Tastatureingaben und Mausklicks nach. Seit März 2015 sind bei Sales & Service solche Software-Roboter im Einsatz, aktuell rund 3.500 Stück. Sie erfassen selbstständig Aufträge, kopieren Kundendaten von einer Datenbank in eine andere, versenden Kundeninformationen und bearbeiten Verträge.

Auch bei der Bearbeitung von Störungen an Kundenanschlüssen kommen diese Frontend-Assistenten, wie wir sie im Telekom-Konzern nennen, zum Einsatz. Wenn ein Kunde vor ein paar Jahren bei unserer Hotline anrief, weil seine Internetverbindung Probleme bereitete, mussten unsere Mitarbeiter einen Kollegen in der Technikabteilung kontaktieren. Dieser hat mithilfe einer komplexen Analyse-Software den Anschluss gemessen. Heute misst ein Frontend-Assistent den Anschluss automatisiert im Hintergrund und zeigt unseren Kundenberatern die benötigten Informationen direkt auf ihrem Bildschirm an. Damit haben wir unsere Mitarbeiter von repetitiven Bürotätigkeiten befreit und ihnen mehr Zeit für werthaltige Aufgaben verschafft – wie etwa die persönliche Beratung unserer Kunden.

Was diese Tools nicht können – und auch nicht sollen –, ist, unsere Telekom-Mitarbeiter zu ersetzen. Obwohl ich in Informatik promoviert und mich beruflich lange mit IT-Lösungen für Unternehmen auseinandergesetzt habe, bin ich der festen Überzeugung, dass nur Menschen wirklich begeisternde Kundenerlebnisse schaffen können. Was wir mit unserer natürlichen Intelligenz zu leisten imstande sind, kann keine noch so weit entwickelte Maschine mithilfe künstlicher Intelligenz erreichen: Zwischentöne hören, Empathie zeigen, kreative Lösungen finden, dem Kunden das Gefühl geben, es kümmert sich jemand um ihn. Das alles kann allein der Mensch! Er ist die Superkraft, die in unserer Branche den Unterschied macht.

> *„Was wir im Intelligenzvergleich zwischen Mensch und Maschine unterschätzen – und kleinmachen – ist unsere genuin menschliche Fähigkeit zur Emotion.“*
>
> *Zukunftsforscher Matthias Horx*

Und nicht nur dort! Corona hat uns mehr als deutlich vor Augen geführt, dass menschliche Arbeitskräfte trotz aller digitaler Technologien in vielen Branchen noch immer unverzichtbar sind. Nicht nur Arztpraxen, Krankenhäuser und Pflegeheime waren während der Pandemie auf die Erfahrung, Empathie, Einsatzbereitschaft und Flexibilität ihres menschlichen Personals angewiesen. Auch in vielen anderen Bereichen ging ohne Menschen nichts (mehr). Das haben viele Chefs und Führungskräfte leider erst erkannt, als die Arbeitskräfte nach den Lockdowns fehlten: an Flughäfen, in Cafés und Restaurants, in Handwerksbetrieben und an etlichen anderen Stellen.

„Deutschland steht an vielen Orten still. Weil die Menschen fehlen, die es am Laufen halten", schrieb der Spiegel im Sommer 2022. Demnach fehlten in der Luftfahrt 7.200 Beschäftigte, in der Gastro-Branche waren zu diesem Zeitpunkt sogar 45.000 Stellen offen. Und das lag nicht nur am zum Teil drastischen Personalabbau während der Lockdowns. In vielen Branchen hatte die Coronakrise wie ein Brandbeschleuniger gewirkt: Dort waren die Menschen schon vorher unzufrieden mit den Arbeitsbedingungen, dem Mangel an Anerkennung für ihre Leistung und mit ihren Entwicklungsmöglichkeiten. Viele haben daraufhin aus der Not eine Tugend gemacht und sich dauerhaft einen neuen Job gesucht.

Der bisherige Erfolg unserer Wirtschaft beruhe auch „auf der fatalen Logik ganzer Branchen, vor allem auf Kostenreduktion zu setzen und zu wenig in die Menschen zu investieren, auf die es ankommt", resümierte der Spiegel. Mich hat dieses Verhalten an die Zeit erinnert, in der unsere Telekommunikationsbranche nur auf Kosteneffizienz gepolt war. Damals haben auch wir die Menschen vernachlässigt und alles automatisiert, was nur ging. So haben wir den Kundenservice förmlich kaputtgespart – und unsere Kunden immer öfter enttäuscht.

Menschen in den Mittelpunkt rücken

Aber wir haben dann – gerade noch rechtzeitig – erkannt, dass wir mit dieser Technikgläubigkeit auf dem Holzweg waren und dass wahre Effizienz nicht durch weniger Service, sondern durch besseren Service erzielt wird. Also haben wir 2017 bei der Telekom einen Paradigmenwechsel vollzogen und den Menschen wieder konsequent in den Mittelpunkt gerückt – den Kunden mit seinen persönlichen Anliegen und den Mitarbeiter mit seinen individuellen Bedarfen und Fähigkeiten.

Wir haben unseren Mitarbeitern mehr Freiräume im Arbeitsalltag eingeräumt, flexiblere Arbeitsmodelle eingeführt und stärker als je zuvor in ihre Qualifizierung und Weiterbildung investiert. Und ja, wir haben auch weitere digitale Tools wie den Chatbot *Frag Magenta* oder *PIA*, einen persönlichen, interaktiven Assistenten für die Kollegen an der Hotline, eingeführt. Aber wir haben das nicht mehr so radikal wie früher getan, sondern mit Augenmaß und nur dann, wenn die Technologien unseren Mitarbeitern einen Mehrwert geboten haben. „Digital denken, empathisch lenken" lautet hier mein Credo. Und ich bin überzeugt, dass das der richtige Weg ist. Und handele auch jetzt als CEO von T-Systems nach diesem Leitmotiv.

Ein Beispiel: Um den Personalmangel nach den Lockdowns auszugleichen, hatten einige Gaststätten angefangen, mit Service-Robotern zu experimentieren. „Doch am Ende wollen die meisten Gäste nicht bloß satt werden. Sie wünschen, dass jemand ihnen zulächelt", stellte der Spiegel fest. Und so ist es: Digitale Tools können das Personal dabei unterstützen, ein begeisterndes Kundenerlebnis zu schaffen. Aber am Ende des Tages entscheidet der Kontakt von Mensch zu Mensch, ob der Kunde mit einem Lächeln das Lokal oder den Laden verlässt. Darum müssen wir uns zuallererst um unsere menschlichen Arbeitskräfte kümmern und sie wertschätzend behandeln. Alles andere kommt danach.

Aus diesem Grund hatten wir im Sales- und Servicebereich der Telekom auch eine Erfolgsformel entwickelt, in der der Mensch an erster Stelle steht: Die besten Mitarbeiter plus die beste Digitalisierung anzuwenden, unterstützt durch die beste Transformation, ergibt das beste Kundenerlebnis. Klingt eigentlich recht simpel. Ist es in der Umsetzung aber nicht. Im Gegenteil, die Formel mit Leben zu füllen, war und ist für meine ehemaligen Kolleginnen und Kollegen noch heute eine Herkulesaufgabe.

Das Sales- und Serviceteam der Telekom besteht immerhin aus knapp 30.000 Menschen. Wie schafft man die Voraussetzungen, dass alle im Arbeitsalltag motiviert sind, ihr Bestes zu geben? Wie gelingt es, dass alle ihr persönliches Potenzial voll entfalten können und fachlich am Puls der Zeit bleiben? Und wie unterstützen wir sie technologisch dabei? Diese und viele weitere Aufgaben muss man lösen, wenn man eine solche Formel erfolgreich umsetzen möchte. Daher hatten wir auf einen Dreiklang aus Freiraum, Fachlichkeit und Führung gesetzt.

Freiraum bedeutet Wertschätzung

Mehr Freiraum für die Mitarbeiter ist gleichbedeutend mit mehr Wertschätzung. Und damit steigt auch die Motivation und Zufriedenheit, wie unsere regelmäßigen Puls-Befragungen gezeigt haben. Darum hatten wir zum Beispiel unseren Teamleitern im Außendienst mehr Entscheidungsbefugnisse im Tagesgeschäft gegeben. Da sie die Fähigkeiten unserer Servicetechniker am besten kennen, hatten wir ihnen kurzerhand mehr Handlungsspielraum bei der Einsatzplanung eingeräumt: Wo ergibt eine Auftragsbündelung Sinn? Welcher Kollege ist für den konkreten Auftrag am besten geeignet? Welches Coaching benötigen die einzelnen Mitarbeiter, um sich gezielt weiterzuentwickeln? Das alles entscheiden die Teamleiter inzwischen selbstständig. Frei nach dem Motto: Weniger zentrale Vorgaben, mehr persönlicher Spielraum!

Ähnliches gilt für die Hotline-Kollegen: Wir hatten den Kundenberatern mehr Freiheiten und damit auch mehr Verantwortung für die Kundenanliegen übertragen – vom initialen Problem bis zur finalen Lösung. Wir haben sie bewusst dazu aufgefordert, bestehende Regeln und Prozesse zu hinterfragen und eigenständig sinnvolle Entscheidungen im Sinne des Kunden zu treffen. Erlaubt war, was gut für unsere Kunden ist. Mit diesen Freiheiten mussten viele Mitarbeiter zunächst einmal umzugehen lernen. Das war ein langwieriger Prozess. Doch mittlerweile kommt die überwältigende Mehrheit damit gut zurecht und ist wesentlich zufriedener.

Mehr Freiheiten und mehr Selbstständigkeit gaben wir unseren Mitarbeitern auch mit einer Betriebsvereinbarung zu Mobile Working. Damit können alle Kundenberater auch nach dem Ende der Coronapandemie bis zu zwei Tage pro Woche von zu Hause aus oder anderswo arbeiten. Für die nötige technische Ausstattung ist flächendeckend gesorgt. So können sie Familie und Beruf besser miteinander vereinbaren, ersparen sich den zum Teil langen Weg ins Büro und können ihre Zeit freier einteilen, zum Beispiel für individuelle Pausen in Form sportlicher Work-outs, um ihre Kinder aus der Kita abzuholen oder Besorgungen für Angehörige zu erledigen.

Die neu gewonnene Flexibilität durch das mobile Arbeiten führt dazu, dass die Hotline-Mitarbeiter der Telekom motivierter sind und ihre eigene Work-Life-Balance insgesamt positiver bewerten. Die Mitarbeiterbefragung im November 2022 hat gezeigt: 86 Prozent der Kollegen fühlen sich sehr wohl in unserem Unternehmen, und sogar 90 Prozent sind sehr stolz darauf, für die Telekom zu arbeiten.

Doch trotz der vielen Vorzüge, die mobiles Arbeiten bietet, bleiben die Telekom Servicecenter wichtige Begegnungsstätten und identitätsstiftende Orte. Der Small Talk in der Teeküche, der persönliche Austausch, gemeinsame Meetings, Workshops und Coachings, die Unternehmenskultur – all diese Dinge kann eine rein virtuelle Zusammenarbeit nicht ersetzen. Darum investieren wir auch weiterhin in unsere Büros und gestalten sie für die Anforderungen der New Work. Wir schaffen Kreativräume für die inspirierende Zusammenarbeit, Rückzugsräume für ungestörte Telefonate und vertrauliche Gespräche sowie Pausenräume, in denen sich unsere Mitarbeiter gerne aufhalten und den neuesten „Flurfunk“ austauschen können. Denn auch das geht besser im Büro als daheim vorm Bildschirm.

Zudem besteht die Gefahr bei dauerhaftem Homeoffice, dass die Menschen zu viel arbeiten und nicht mehr richtig abschalten können, wenn die Grenzen zwischen Job und Privatleben in den eigenen vier Wänden immer stärker verschwimmen. Man ist ständig erreichbar, die nächste Mail durch das Diensthandy auf dem Couchtisch nur einen Tastendruck entfernt. Auch damit muss man umgehen können. Hier ist viel Selbstdisziplin und -organisation gefragt, um die richtige Balance zu finden.

Darum ist im Telekom Sales- und Servicebereich eine gesunde Mischung aus Heimarbeit, mobiler Arbeit und Büropräsenz das präferierte Modell. Zumindest dort, wo es möglich ist, denn die Shopmitarbeiter und Außendiensttechniker können sich ihren Arbeitsplatz leider auch künftig nicht frei aussuchen und virtuell arbeiten. Sie müssen weiterhin dort Präsenz zeigen, wo unsere Kunden sie brauchen.

Qualifizierung ist der Schlüssel zur Zukunft

Ein weiterer wichtiger Punkt unserer Fokussierung auf die Belange unserer Mitarbeiter war das Thema Fachkenntnis. Wie ich eingangs beschrieben habe, werden digitale Technologien den Menschen auch in Zukunft nicht überflüssig machen. Aber viele Jobs verändern sich infolge der Digitalisierung grundlegend. Mensch und Maschine arbeiten immer enger zusammen. Das sorgt für neue Arbeitsprozesse und verlangt nach zusätzlichen Fähigkeiten. Darum müssen wir uns branchenübergreifend kontinuierlich fachlich weiterentwickeln. Ohne lebenslanges Lernen werden wir uns nicht erfolgreich am Arbeitsmarkt behaupten können. (Weiter-)Qualifizierung ist somit das Gebot der Stunde.

Früher hieß es: „Was Hänschen nicht lernt, lernt Hans nimmermehr.“ Mag sein, dass diese Mahnung bei Schülern und

Studenten heute noch fruchtet. Ein Trugschluss ist jedoch die mögliche Ableitung: Als Erwachsener bin ich mit dem Thema „Lernen“ durch. Das Gegenteil ist der Fall: Ausgelernt war gestern! Wir brauchen mehr denn je zuvor die Bereitschaft, Tag für Tag Neues lernen zu wollen. Dazu gehört auch die Einsicht, dass Lernen keine Strafe ist, sondern ein Geschenk, das uns ein Leben lang weiterbringt. Wer dazulernt, empfiehlt sich nicht nur für neue, höherwertige Aufgaben, er wertet auch sein Selbstvertrauen auf: Ich kann etwas, ich bin auf dem neuesten Stand, ich weiß, wovon ich rede. Mit diesem positiven Gefühl lässt sich der eigene Job souveräner und gleichzeitig mit größerer Zufriedenheit gestalten.

Wir alle sollten Freude daran haben, unser Wissen jeden Tag zu erweitern – und zwar freiwillig und nicht, weil es jemand von uns verlangt. Für diesen Schlüssel zur persönlichen Weiterentwicklung ist das Wollen, das eigene Mindset, eine zentrale Voraussetzung. Deshalb sprechen wir bei der Telekom gern davon, dass sich jeder Mitarbeiter als CEO seiner eigenen Entwicklung verstehen sollte. Denn letztlich ist persönliches Wachstum eine Frage der inneren Haltung. Es liegt an uns, ob wir uns mit dem Status quo zufriedengeben oder aber bereit sind, in den nächsten Schritt zu investieren. Zu den sechs Guiding Principles der Telekom gehört daher auch die Leitlinie „Bleibe neugierig und wachse“. Das zeigt, wie fest der Gedanke der individuellen Weiterentwicklung in der DNA unseres Unternehmens verankert ist.

Damit unsere Mitarbeiter in digitalen Zeiten fachlich fit bleiben, schulen wir sie kontinuierlich zu neuen Produkten und Technologien. So haben wir zum Beispiel in den Servicecentern Showrooms, die sogenannten Magenta Garagen, errichtet, in denen die Hotline-Mitarbeiter die neuesten Geräte für Mobilfunk, Glasfaser, Internet und TV kennenlernen und selbst ausprobieren können. Dieser Gamification-Aspekt macht das Lernen für viele Kolleginnen nicht nur unterhaltsamer, sondern auch einprägsamer und nachhaltiger.

Außerdem haben wir webbasierte Trainings und das persönliche Coaching der Mitarbeiter intensiviert. Nicht als Einmalaktionen, sondern als kontinuierlichen Prozess im Arbeitsalltag. Dabei setzen wir unter anderem auch auf KI-basierte Coachings, die für eine intelligente und individuelle Qualifizierung unserer Telekom-Mitarbeiter sorgen. Dies gilt übrigens auch für das Shop-Personal und Vertriebs- und Servicepartner, die wir genauso schulen, als seien es unsere eigenen Mitarbeiter.

> *„Clients do not come first. Employees come first. If you take care of your employees, they will take care of the clients."*
>
> Unternehmer Sir Richard Branson

Wir investieren somit stärker als je zuvor in unsere Kollegen, in ihre individuellen Bedarfe und in ihre persönlichen Kompetenzen. Wir sind überzeugt davon, dass es sich für alle Beteiligten lohnt. So entsteht eine Win-win-Situation: Unsere Mitarbeiter qualifizieren sich weiter und sind den Anforderungen einer zunehmend digitalisierten Arbeitsumgebung gewachsen. Unsere Kunden erfahren wiederum beste Beratung und besten Service, und unser Unternehmen profitiert von beidem – von zufriedenen Kunden und Mitarbeitern.

Die Zufriedenheit unserer Mitarbeiter steigt auch dadurch, dass wir sie dank der Trainings und Coachings in die Lage versetzen, ihren eigenen Ansprüchen gerecht zu werden: Denn die allermeisten Kolleginnen und Kollegen im Service haben Spaß daran, anderen Menschen zu helfen. Sie betrachten ihre Arbeit als sinnstiftend, wenn sie das Anliegen des Kunden zu dessen Zufriedenheit lösen können. In der bereits erwähnten Mitarbeiter-Befragung haben darum auch 87 Prozent der Aussage zugestimmt: „Ich empfinde meine Arbeit als bedeutsam." Die überwältigende Mehrheit sieht also einen tieferen Sinn in dem, was sie tut. Neudeutsch spricht man hier im Unternehmenskontext gern vom Purpose der Arbeit.

Für unsere Servicemitarbeiter besteht der Purpose darin, durch ihr eigenes Zutun unseren Telekomkunden dabei zu helfen, jederzeit via Handy, Festnetz oder Internet mit ihrer Familie, ihren Freunden oder auch Kollegen und Geschäftspartnern verbunden zu bleiben. Dass diese Verbundenheit für viele Menschen von unschätzbarem Wert ist, haben wir besonders während der Corona-Lockdowns, der Flutkatastrophe im Ahrtal und nach dem Ausbruch des russischen Angriffskrieges gegen die Ukraine erlebt. Für viele Menschen war in diesen belastenden Zeiten der (virtuelle) Kontakt zu ihren Liebsten das Wichtigste. Das haben uns die Kunden immer wieder bestätigt und unseren Mitarbeitern regelmäßig für ihre Hilfe gedankt.

Auch abseits dieser Krisen haben wir täglich unzählige Kundenlobe erhalten, in denen unseren Mitarbeitern für ihre Arbeit gedankt wird. Solche Rückmeldungen bestätigen die Mitarbeiter darin, dass sie etwas Wichtiges und Sinnvolles tun, dass ihre Arbeit einen Mehrwert schafft und auch gesehen wird – übrigens nicht nur von den Kunden, sondern auch vom Management. Ich habe mir in meiner Zeit als Sales & Servicechef täglich neben aktuellen Beschwerden auch Kundenlobe angeschaut und den Mitarbeitern auch persönlich für ihre leidenschaftliche Arbeit gedankt. Auch in meiner jetzigen Position als CEO von T-Systems ist es mir wichtig, diese Wertschätzung persönlich zum Ausdruck zu bringen. Denn auch in der IT-Branche macht der Mensch den Unterschied – oder wie wir intern sagen: #peoplemakeithappen.

Führungskräfte müssen Vorbilder sein

Damit die Kundenberater, Verkäufer und Techniker im Arbeitsalltag ihr Potenzial voll entfalten können, müssen Führungskräfte eine besondere Rolle annehmen: Die hohen Ansprüche, die wir an unsere Mitarbeiter stellen, müssen wir zuallererst selbst erfüllen. Wir müssen Vorbilder in Sachen Lernen sein. Indem wir vorleben, dass Lernen Spaß macht und dass

Wissen jeden Einzelnen von uns in seiner Entwicklung voranbringt. Berufliche Weiterbildung ist zudem keine Freizeitaufgabe. Dafür braucht es Freiraum im Arbeitsalltag für Trainings, Coachings und den fachlichen sowie persönlichen Austausch. So lässt sich gut herausfinden, an welchen Stellen die Mitarbeiter sich noch entwickeln können. Es ist wie im Fußball: Ein guter Trainer sorgt dafür, dass seine Spieler jeden Tag ein bisschen besser werden, und stellt dafür das nötige, teils individuelle Training zusammen.

Damit die Teamleiter in den Telekom-Servicecentern mehr Zeit für diese Trainingseinheiten haben, hatten wir das Führungsmodell „20-20-60" eingeführt. Zuvor verbrachten sie etwa 70 Prozent ihrer Zeit mit Verwaltungs- und Steuerungsthemen. Etwa 5 Prozent ihrer Zeit investierten sie in ihre persönliche Fortbildung, in ihr Wissen und Können, das sie als Teamleiter benötigen. Somit blieben für die Weiterentwicklung ihrer Teammitglieder nur 25 Prozent der Arbeitszeit übrig. Diesen unbefriedigenden Führungsalltag hatten wir dann radikal auf den Kopf gestellt: Unsere Teamleiter sollten nur noch 20 Prozent ihrer Zeit für administrative Aufgaben aufwenden müssen. Das erreichten wir durch die Bündelung von Themen, eine effizientere Wochenplanung sowie die Automatisierung von Verwaltungstätigkeiten. Dadurch können sie heute 20 Prozent der Zeit für die eigene Entwicklung nutzen. Dazu gehört auch, dass sie sämtliche webbasierten Trainings für ihr Team zunächst selbst absolvieren. Die verbleibenden 60 Prozent sind für Feedbackgespräche, Live-Coachings und Tandem-Telefonate mit ihren Teammitgliedern reserviert. Das ist eine grundlegende Veränderung im Führungssystem – weg von der Verwaltung von Prozessen hin zur Entwicklung von Menschen.

Um unseren Teammanagern zusätzliche Orientierung für ihre Führungsrollen zu geben, haben wir bereits 2019 die sogenannten „Führungsanker" ausgeworfen. Diese Anker sind ein einheitliches Führungsverständnis – weg von einer im Schwerpunkt kennzahlengesteuerten Führung, hin zu einer Führung, die den Menschen noch stärker in den Mittelpunkt stellt. Die Führungsanker setzen dort ein, wo Führen und Fachlichkeit beginnen: bei jedem Mitarbeiter selbst!

Mit der Erkenntnis, dass Veränderung bei mir selbst und meiner eigenen unterbewussten Ausstrahlung beginnt, frage ich mich zuerst: Wie authentisch bin ich wirklich? Wie bin ich geprägt? Wie wirke ich auf andere – und vor allem: Warum ist das so? Als Führungskraft muss mir zunächst selbst klar werden, wie ich als solche aufgestellt bin, welches Mindset mich auszeichnet, was meine Glaubenssätze und Verhaltensmuster sind. Denn meine eigene Ausstrahlung wirkt sich auf die Atmosphäre in meinem Umfeld aus. Wenn ich selbst entspannt, zufrieden und inspiriert bin, kreiert das eine positive Atmosphäre für meine Mitmenschen, in der sich alle wohl und akzeptiert fühlen. Eine gute Atmosphäre sorgt für mehr Zufriedenheit, Gesundheit und Freude an der Arbeit und allem, was wir tun, und überträgt sich auf unsere Kunden. Kurzum: Erst wenn mir selbst klar ist, wer ich bin, kann ich an mir arbeiten und für meine Mitarbeiter zum besten Coach werden.

Ein guter Coach stellt auch selbst viele Fragen, um zu verstehen, was sein Team braucht, um sich wohlzufühlen und bestmögliche Leistungen zu erbringen. Darum führten wir bei der Telekom in Deutschland die „XDays“ ein. Dieses Programm bietet unserem gesamten Management inzwischen die Chance, mehrere Tage im Jahr direkt mit unseren Mitarbeitern im operativen Geschäft zu verbringen: Sie können zum Beispiel an der Hotline mithören, mit einem Servicetechniker rausfahren, der Disposition über die Schulter schauen und in unseren Shops den Arbeitsalltag unserer Verkäufer hautnah miterleben. So erhalten unsere Führungskräfte einen stärkeren Einblick in die täglichen Herausforderungen der Kollegen und können sich noch besser in ihre Lage und Bedarfe hineinversetzen.

Software unterstützt die Menschen

Neben der richtigen inneren Haltung, den richtigen Vorbildern und den richtigen Initiativen, kommt es natürlich auch auf die richtigen Tools an, damit sich die Menschen bei der Telekom gezielt weiterentwickeln können. Darum haben wir im Telekom-Konzern 2020 mit *Percipio* eine neue Lernplattform eingeführt – mit Kursen, Videos und (Hör-)Büchern zu Themen wie Führung, Emotionale Intelligenz, Business Skills, Technik & Entwicklung sowie Digitale Transformation. Wir nennen diese Plattform auch unser „Netflix des Lernens", weil die Bedienung sehr intuitiv ist und inhaltlich alle etwas für sich und ihre Interessen finden. Inklusive der integrierten Kurse von Anbietern wie *Coursera* gibt es hier inzwischen über 180.000 Lernmodule. So können unsere Mitarbeiter jederzeit einfach und unterhaltsam, kostenlos und individuell ihren Wissensschatz vergrößern – am Rechner, Tablet oder Smartphone.

Eine weitere Möglichkeit, Neues zu lernen, bietet unsere Graswurzelinitiative *LEX – Lernen von Experten*. Als informelle Community hat *LEX* inzwischen über 20.000 Mitglieder. Im Jahr finden rund 2.000 Sessions statt, in denen Mitarbeiter aus ihrem eigenen inneren Antrieb heraus ihr Expertenwissen mit ihren Kollegen zu unterschiedlichen Themen teilen – vom Microsoft-Office-Update über Entspannungsübungen bis hin zu Rezepten für die beste Kohlroulade. Inhaltlich gibt es keine Grenzen. Für mich ist *LEX* ein Paradebeispiel für eine offene Lernkultur und dafür, wie die Verantwortung, Neues zu lernen, aus der Mitte einer Organisation herausgetragen wird.

Doch trotz aller Coachings und Trainings kann niemand alles wissen. Dafür ist die Produktwelt aus Mobilfunk, Festnetz, Internet und TV einfach zu vielfältig. Deshalb versorgen wir unsere Teams im Arbeitsalltag mit den benötigten Informationen – und das in Echtzeit. Auch hier sind die digitalen Tools ein wertvolles Vehikel, um die Tätigkeit der Servicemitarbeiter aufzuwerten. *MagentaView* etwa ist eine Software, die einen Rundumblick auf jeden Kunden bietet: Die Kundenberater, Servicetechniker und Shopverkäufer sehen auf ihrem PC oder Tablet direkt, mit wem sie es zu tun haben, welche Tarife und Endgeräte der Kunde nutzt, ob noch Aufträge oder Rechnungen offen sind oder eine Störung des Anschlusses vorliegt. Das ist ein großer Hinzugewinn für alle: Der Kunde muss sein Anliegen nicht immer wieder aufs Neue schildern, denn dank der Software können unsere Mitarbeiter die komplette Kundenhistorie mit nur einem Klick aufrufen.

Dank *MagentaView* wissen wir deutlich mehr über unsere Kunden und ihr Umfeld als zuvor und können sie bedarfsgerechter beraten. Diese Informationen geben wir den Mitarbeitern schnell und einfach an die Hand. Durch die vollumfängliche Transparenz wird das Personal spürbar entlastet: Die Kollegen finden alle wichtigen Informationen in einer Software, statt zig Systeme bedienen zu müssen. Dadurch sinkt sowohl der zeitliche Aufwand im Arbeitsalltag als auch der Schulungsaufwand. In Zukunft können unsere Mitarbeiter auch Produktwechsel, Vertragsabschlüsse für Mobilfunk und Festnetz, Optionsbuchungen und Aktualisierungen der Kundendaten direkt in *MagentaView* durchführen. Das spart zusätzliche Zeit und sorgt für eine noch einfachere und bessere Beratung unserer Kunden.

Eine zweite Innovation ist das neue Tool *Magenta Infos*, welches das bisherige Fachinformationssystem abgelöst hat. Die Nachrichtenfunktion ist personalisierbar und die Suchfunktion effektiver geworden. Der große Vorteil von *Magenta Infos* ist jedoch, dass sämtliche Produkt- und Tarifinformationen sowie Marketingaktionen nun all unseren Mitarbeitern und externen Vertriebspartnern auf einer gemeinsamen Plattform zur Verfügung stehen. Bislang konnten beispielsweise die Shopmitarbeiter nur auf spezielle Shop-Informationen zurückgreifen. Nun haben alle einen schnellen Einblick in sämtliche Inhalte. Diese Verbesserungen schätzen Mitarbeiter und Partner sehr, weil sie die Kunden noch schneller mit den gewünschten Informationen versorgen können und es ihre Arbeit spürbar erleichtert.

Anstrengungen sind alternativlos und lohnenswert

Ich denke, diese Beispiele haben gezeigt, dass Fachlichkeit, Führung und Freiraum viele Dimensionen haben. Es braucht das Zusammenspiel diverser Faktoren, damit jeder Mitarbeiter im Zeitalter der Digitalisierung erfolgreich mit seinen Aufgaben wachsen kann. Das erfordert nicht nur die Bereitschaft und das Engagement der Menschen selbst, Management und Unternehmen müssen auch den hohen Wert motivierter und qualifizierter Mitarbeiter erkennen und aktiv fördern. Das ist auch kulturell eine enorme Herausforderung, die man nicht von heute auf morgen bewältigt. Darüber hinaus muss man den Mut haben, tatsächlich etwas zu verändern und dabei vielleicht zu scheitern oder nicht schnell genug erfolgreich zu sein. Auch hiervor schrecken viele Manager zurück.

> *„Jede Arbeit ist wichtig, auch die kleinste. Es soll sich keiner einbilden, seine Arbeit sei über die seines Mitarbeiters erhaben. Jeder soll mitwirken zum Wohle des Ganzen."*
>
> *Unternehmer Robert Bosch*

Aus meiner Sicht sind all diese Anstrengungen alternativlos – und absolut lohnenswert. Das hat mir die erfolgreiche Transformation unseres Sales- und Servicebereiches gezeigt. Der Mensch ist und bleibt in vielen Branchen die unverzichtbare Superkraft, die den Laden am Laufen hält. Das haben uns die jüngsten Krisen eindrucksvoll vor Augen geführt. Und jeder Trend erzeugt auch einen Gegentrend. Die zunehmende Digitalisierung weckt bei vielen Kunden die Sehnsucht nach persönlicher Betreuung von Mensch zu Mensch. Darum müssen wir unseren Mitarbeitern würdige und wertschätzende Arbeitsbedingungen bieten, sie von stumpfen Tätigkeiten befreien, sie weiterqualifizieren und fit machen für höherwertige Aufgaben und zudem auch gerecht entlohnen. So sichern wir nicht nur Millionen Arbeitsplätze, so sorgen wir auch für eine prosperierende Wirtschaft und eine nachhaltige Entwicklung unserer Gesellschaft. Darum fangen wir damit am besten schon heute an.

I.5 Vorboten der sich auf dem Arbeitsmarkt abzeichnenden Veränderungen

Eines der hier vorgestellten Szenarios geht von einer Spaltung der Gesellschaft infolge eines absehbaren Versiegens der bisher selbstverständlich gewordenen Erwerbsarbeit aus. Eine wachsende Ungleichheit im Einkommen erzeuge sozialen Sprengstoff: Die Gesellschaft spalte sich zunehmend in zwei Blöcke. Auf der einen Seite stehe eine Minderheit von hoch qualifizierten, gut bezahlten Arbeitsnomaden zusammen mit einer Elite von Unternehmern mit Megafirmen. Auf der anderen Seite stehe die Masse der Menschen, die für einen Billiglohn arbeiten[19] und gering qualifizierte Tätigkeiten ausüben. Das Ergebnis wäre eine Gesellschaft, die unter einer Schieflage der Wohlstandsverteilung leidet.

Die Vertreter dieses Szenarios argumentieren, dass eine möglicherweise sich abzeichnende Sättigung der Märkte die hinreichend bezahlte Arbeit für alle weiter abgrabe. Dieser Rückgang adäquat bezahlter Arbeit sei dann eine Folge der stetig fortschreitenden Rationalisierung – getrieben durch die Informations- und Kommunikationstechnologien – und der Verlagerung der Produktion in Billiglohnländer. In diesem Kontext verweisen wir auf den vorhergehenden Beitrag von Dr. Ferri Abolhassan, der begründet, warum dieses Szenario nicht eintreten muss.

Die Verfechter eines anderen Szenarios lösen die skizzierte Entwicklung positiv auf und sprechen von einer „Erlösung von der Arbeit". Neue, nicht-materialistische Gemeinschaften würden entstehen, und es erfolge eine Hinwendung zum sozialen

Bereich. Gestützt wird diese These mit der Argumentation von dem zu Ende gehen klassischer Arbeitsformen, die zu dem Beginn eines neuen Miteinanders in einer gerechteren Gesellschaft führen würden.[20]

Im Kern geht es dabei um eine Weiterentwicklung des bestehenden Arbeitsverständnisses durch Rückbesinnung auf traditionelle Werte und Ansichten. Der Begriff der Arbeit erweitere sich aber: Eigenarbeit, Hausarbeit und Bürgerarbeit in Non-Profit-Organisationen gewinnen an Bedeutung. Derartige Arbeit am Gemeinwesen könnte so teilweise die Arbeitsmarktprobleme lösen, Menschen wieder Sinn vermitteln und sie gesellschaftlich integrieren sowie zugleich soziale Sicherungssysteme auf einer immer breiteren gesellschaftlichen Basis verankern. Für den Einzelnen könnten sich Ansehen, Sicherheit und Lebenssinn fundamental verändern. Gezeichnet wird die Vision einer Arbeitsgesellschaft auf Basis eines nicht-materialistischen, beziehungsweise ausgewogeneren Verständnisses von Arbeit, als es heute in der Gesellschaft der Fall ist.

Während die meisten Menschen in der westlichen Welt ihr Selbstverständnis und Selbstwertgefühl von beruflichem Erfolg, Einkommen und Konsumhandeln ableiten, würde man in einer Zukunft, bei der sich die gegenwärtigen Arbeitsformen mehr und mehr auflösen, andere, neue Werte in das Zentrum der erstrebenswerten Lebensweise stellen.

Unsere Zukunft wird letztendlich maßgeblich davon abhängen, ob wir von unserem Charakter her überhaupt zu einem grundlegenden Gesinnungswandel fähig sind, und davon, wie die immer gravierender werdenden Umweltprobleme, soziale und wirtschaftliche Schieflagen seitens der Weltgemeinschaft gelöst werden können. Erfolgt ein Umlenken auf ein mehr qualitatives Wachstum mit einer neuen Definition von Fortschritt, die mit einem bescheideneren, aber nachhaltigeren Lebensstil verbunden ist?[21]

Voraussetzung dafür, dass pessimistische Zukunftsszenarien nicht eintreten, ist ein hohes Maß an Verantwortungsbewusstsein und daraus resultierend der unbedingte Umsetzungswille von Maßnahmen für eine lebenswerte Arbeitswelt. Es kommt auf jeden Einzelnen an, damit die Entwicklungen uns nicht überrollen, sondern wir den Entwicklungen die Richtung geben. Der Schlüssel dafür ist eine in sich ruhende, gefestigte Persönlichkeit, die weiß, was sie will und was nicht.

Technologische Entwicklungen

Mobiler Datenverkehr und Internetangebote lösen klassische Kommunikationsformen ab. Der unbegrenzte Zugang zu Informationen verändert unseren Lebens- und Arbeitsalltag.

So wird sich die Globalisierung der Arbeit auf allen Unternehmensebenen und in allen Prozessen weiter fortsetzen. Rund 35 Jahre nach Einführung des Internets als Basistechnologie spüren wir die Auswirkungen täglich. Die Bedeutung technologischer Entwicklung im Bereich der Informations- und Kommunikationstechnologie sowie deren Verbreitung und Nutzungsgrad in der Gesellschaft sei als wesentlicher Veränderungstreiber hervorgehoben. So haben sich infolge des Siegeszugs des Internets und mobiler Kommunikation die Möglichkeiten, sich zeit- und ortsunabhängig auszutauschen und zusammenzuarbeiten, signifikant erweitert.[22]

Die rasante Weiterentwicklung der Künstlichen Intelligenz wird unser Leben und die Art, wie wir arbeiten, fundamental verändern. Viele technische Probleme werden aufgrund der Zunahme der neuen Intelligenz lösbar werden, neue Probleme werden dadurch auf uns zukommen.

Die Nutzung des Internets verlagert sich weiter von PCs hin zu einem Internet der Dinge. Dadurch werden Geräte und unser Umfeld wesentlich intelligenter. Dieses „World Wide Mesh“ mit mehreren Milliarden intelligenter Endgeräte und Sensoren wird die technische Grundlage der absehbaren Veränderungen auf dem Arbeitsmarkt bilden. Der Zugang zu Informationen und

Wissen ändert sich grundlegend und verändert unser Arbeiten in den kommenden Jahren. Menschen werden damit anfangen, ihren Körper und das Gehirn mit technischen Zusätzen aufzurüsten.[23] Ambient Computing, die Robotik und humanoide Roboter werden im privaten wie im beruflichen Bereich selbstverständlich werden.[24]

Abkehr von den geschlossenen Systemen

Stark veränderte Formen der Arbeitsorganisation und der Zusammenarbeit innerhalb und zwischen Unternehmen werden unsere künftige Erwerbswelt in einer nächsten Phase prägen. Arbeit findet bereits überall statt – zeitlich, strukturell, räumlich, über alle Zeitzonen hinweg und in weltweit verzahnten Netzwerken von Teams und Unternehmen. Global aufgestellte Unternehmen und deren virtuelle Netzwerke setzen Zeichen, wie Unternehmen die neuen Möglichkeiten nutzen können.[25]

Für die Arbeitsorganisation der Zukunft werden flexible, kooperative Strukturen immer wichtiger: Die internen Strukturen richten sich zunehmend an durchgängigen Wertschöpfungsprozessen aus. Die Mitarbeiter lässt man als autonome Teams arbeiten und erwartet von ihnen laufend Beiträge zur Verbesserung von Produkten und Prozessen. Im Inneren der Unternehmen entwickeln sich Verhältnisse wie auf dem externen Markt. An alle Mitarbeiter wird der Anspruch gestellt, unternehmerisch zu handeln.

Der in der Vergangenheit vorherrschende Typ des Vollzeitbeschäftigten wird durch flexible Teilzeitmodelle abgelöst werden. Autonomes, eigenständiges, selbstverantwortliches Arbeiten wird sich durchsetzen.

Organisationen mit zentraler Steuerung werden sich in Richtung Dezentralität und Flexibilisierung der Arbeitsprozesse öffnen. Die lernende Organisation wird einen Kulturwandel mit neuem Denken und Handeln einfordern. Die Umstellung auf

Tab. 2: Unterschiede zwischen geschlossenen und offenen Systemen

	Geschlossenes System	Offenes System
Strategie	+ Sinn + Eindeutigkeit - Dogmatik, Ideologie - Abschottung	+ Öffnung, Toleranz + Entwicklung, Innovation - Orientierungslosigkeit, Informationsüberflutung - Vorläufigkeit
Struktur	+ Stabilität + Ordnung - Rigidität, Erstarrung - Hierarchie	+ Flexibilität + Netzwerk - Chaos - Nivellierung
Kultur	+ Sicherheit + Harmonie + Vertrauen - Zwang - Stillstand	+ Dynamik + Pluralität, Freiheit + Individualität, Autonomie - Konflikte, Streit, Misstrauen - Beliebigkeit

Tab. 3: Alte und neue Arbeit im Vergleich

	Alte Arbeit	Neue Arbeit
Gesell-schaftliche Perspektive	• Stabilität • Feste Angestellten-verhältnisse • Klare Trennung von Arbeit und Freizeit • Arbeit im Wesentlichen mit dem Fokus auf die Herstellung von Gütern • Der Staat oder das Unternehmen kümmert sich um den Mitarbeiter	• Dynamik und Wandel • Neue Formen der Arbeit • Entgrenzung von Arbeit (Trennung von Arbeit und Freizeit) wird immer schwieriger • Informatisierung der Arbeit/ Wissensarbeit • Selbstökonomisierung des Menschen • Veränderung der Beschäftigungsstrukturen in Richtung Selbstständigkeit, Zweitjob etc. • Selbstbeobachtung und gekonnte Lebensweise werden entscheidend

→

	Alte Arbeit	Neue Arbeit
Unternehmensperspektive	• Zentrale Organisationsstrukturen und Steuerung • Abteilungsarbeiten • funktionale Aufbauorganisation • Starre Arbeitszeiten und Kontrolle	• Dezentrale Organisation • Prozessorganisation • Verstärkt Projektarbeit, Kooperation • Atmende/fluide Organisation, Virtualisierung
Mitarbeiterperspektive	• Klare, abgegrenzte Aufgabenbereiche • Ausbildung und Berufstätigkeit als in sich abgeschlossene Phasen • Stabiles Umfeld/Arbeitsplatz • Ein bis zwei Berufsstationen, Arbeitsplatzsicherheit, langfristige Arbeitsverträge	• Hohe Aufgabenkomplexität und steigende Qualifikationsanforderungen • Lebenslanges Lernen • Steigende Verantwortung und Selbstverantwortung • Stärkere Leistungsorientierung, Agieren als Unternehmer im Unternehmen • Mobiles Arbeiten (der Person, der Arbeitswerkzeuge, der Arbeitsbeziehungen) • Intensivere Arbeit, höheres Arbeitstempo • vier bis fünf Berufsstationen, • temporäre Arbeitslosigkeit, Lebenslaufbrüche, berufliche Neuorientierung werden zum Normalfall

neue Projekt- und Teamorganisationen wird auch neue Maßstäbe für die Führung erforderlich machen.

Der Transformationsprozess in Wirtschaft und Gesellschaft von geschlossenen hin zu offenen Systemen und die damit einhergehende Orientierungslosigkeit vieler Menschen wird ein viel größeres Maß an individuellem Selbstverantwortungsbewusstsein als bisher erforderlich machen. Im Zuge dessen liegt die Schaffung und Vermittlung einer Wertebasis nicht mehr in erster Linie in der Verantwortung eines Unternehmens, sondern in der Verantwortung jedes Einzelnen selbst.

Die Chancen der Transition von geschlossenen hin zu offenen Systemen bestehen unter anderem:

- in der stärkeren Selbstbestimmung im Arbeitsalltag
- in der verstärkten Flexibilisierung von Lebens- und Zeitplanung
- in der Verknüpfung von Erwerbsarbeit mit anderen Tätigkeiten
- darin, Privat- und Berufsleben besser ausbalancieren zu können
- in der Option einer zunehmenden Privatisierung der Arbeit
- in einer Rücknahmeoption der seit der industriellen Revolution beklagten Entfremdung
- in der Entkoppelung von Arbeit und Verdienst.

Wer diese aus sozialen Gesichtspunkten durchaus risikobehafteten Chancen ergreifen will, muss in seine Wertebasis, seinen Charakter und seine Beziehungsfähigkeiten investieren.

Einige vertiefende, beispielhafte Gedanken dazu, wie sich insbesondere im Zuge der weiteren Digitalisierung für uns neue Möglichkeiten in der künftigen Arbeitswelt eröffnen können, seien im Folgenden skizziert.[26]

Flexibilisierung und Effizienzsteigerung

Technologische Innovationen treiben den Prozess zu neuen Wertschöpfungssystemen in Richtung mobiler und digitaler Arbeitswelten. Dies bezieht sich vor allem auf E-Factory (die digitale Fabrik) bis hin zu Mobile- und Homeoffices sowie physische und virtuelle Co-Working-Spaces.

Dezentrale Unternehmensorganisationen in Verbindung mit höherer Flexibilität in den Arbeitsprozessen und mehr Autonomie eröffnen die Möglichkeit, dass in Zukunft verstärkt das

Ergebnis menschlicher Arbeit in den Mittelpunkt rücken kann. Das Wo und Wie der Arbeitstätigkeit wird dabei zusehends in den Hintergrund treten, virtualisiert werden und in die persönliche Verantwortung des Einzelnen fallen.

Der Einsatz moderner, vernetzter Arbeitsmedien und Werkzeuge ermöglicht uns nicht nur die produktive Nutzung der eigenen Zeit auch unterwegs, sondern gleichermaßen eine bessere Ausrichtung am persönlichen Arbeitsrhythmus.

Unabhängigkeit und Integration

IP-basierte Anwendungen, Next Generation Media, das Internet der Dinge und künftige Stufen des Internets (Web X.0) werden durch die stetig fortschreitende Vernetzung und Konvergenz hin zu neuen Produkten und Services der zweiten Generation von Dienstleistungen führen.

Das Verschwimmen der Grenzen zwischen Privatem und Beruflichem sowie mobilen und stationären Infrastrukturen führt zu einer neuen Qualität an Ubiquität. Wir werden eine Allgegenwärtigkeit von Informationen und Daten, unabhängig von Ort und Zeit, Objekten und Strukturen erleben. Arbeiten wird überall möglich: Im Café, am Flughafen oder am Strand. Die Generation Z wird künftig wie die Generation Y verstärkt auf die Möglichkeiten pochen, von überall aus zu arbeiten und sich die Zeit frei einzuteilen. Unternehmen werden sich hier noch mehr anpassen müssen.

Fluch und Segen werden in Zukunft nah beieinanderliegen. Nur derjenige, dessen Persönlichkeit in sich gefestigt ist, wird in der Lage sein, sich abgrenzen zu können – und so eine rein reaktive Lebensform, die den Ereignissen hinterherläuft statt ihnen vorausläuft, verhindern zu können.

Infolge der Verbreitung und Durchsetzung mobiler Arbeit werden auch mehr Mütter und ältere Menschen (wieder) berufstätig sein können.

Kooperation und Mitwirkung

Digitale Anwendungen wie Weblogs, Wikis, Foren, soziale Medien und virtuelle Communitys werden künftig weitere Gestaltungs- und Kommunikationsmöglichkeiten eröffnen.

Die Foren und Social-Media-Plattformen im Internet werden sich immer mehr zu einem Mitmach-Netz entwickeln, das jeder aktiv mitgestalten kann – im privaten wie im beruflichen Kontext. In diesem Many-to-many-Medium können die allgemeine Öffentlichkeit und kann damit jeder Einzelne an Einfluss gewinnen.

Die sozialen Netzwerke werden durch die Logik des Sharing auch zu verstärkter Transparenz und Offenheit innerhalb unserer Gesellschaften und der Gesellschaften untereinander führen. Verstärkte Partizipation und Mitwirkung als Arbeitnehmer, Konsument sowie als kritischer und mündiger Bürger werden möglich.

Das Stellen direkter Fragen an Entscheidungsträger in Wirtschaft und Politik sowie die Durchführung von Abstimmungen zu brisanten Themen stärken unsere Teilhabe und die Chance, auf politische Entscheidungen und gesellschaftliche Entwicklungen Einfluss zu nehmen.

Die verstärkte Einflussnahme und Gestaltungsmöglichkeit von Konsumenten beschränkt sich dabei nicht länger nur auf Produktbewertungen, sondern wird verstärkt unter dem Schlagwort Open Innovation, wie es beispielsweise Open Developer Portale ermöglichen, Ausdruck finden.

Über räumliche Grenzen hinweg Menschen zusammenzubringen, sodass ihr Wissen gemeinsam genutzt und weiterentwickelt wird, kann die Chance eröffnen, global vernetzte Thinktanks zu etablieren. Diese Institutionen können die nötigen Kräfte mobilisieren, um den in diesem Buch skizzierten Fehlentwicklungen unserer Arbeitsgesellschaft entgegenzuwirken und die dringend notwendigen gesellschaftlichen Veränderungen in der Zukunft einzuleiten. Das Potenzial der Digital Natives, der Generation, die mit dem Internet aufgewachsen ist, wird diese Art der Bewegung und Veränderungen durch Social Innovation weiter vorantreiben.

Wegfall traditioneller sozialer Strukturen und Orientierungsrahmen

Provisorien und Unbestimmtheit werden künftig unseren Arbeitsalltag und unser Privatleben gleichermaßen prägen. Ein funktionales Familienleben zu planen wird anspruchsvoller. Dies gilt insbesondere dann, wenn beide Partner erwerbstätig sind. Infolge der sich auflösenden Grenzen von Arbeit und Freizeit ergibt sich einerseits eine große Chance für eine selbstbestimmte Lebensgestaltung, andererseits aber auch die Gefahr einer Zerstückelung unseres Alltags: Familien- und Privatleben „auf Ansage".[27] Um zu vermeiden, dass die geforderte Flexibilität auf Kosten des Familienglücks entsteht, muss der Entwicklung aktiv entgegengesteuert werden. Während eine Familie zwischenmenschliche Bindung fordert, fordert die Arbeitswelt der Zukunft genau das Gegenteil: die Bereitschaft, in Bewegung zu bleiben und keine Bindungen einzugehen.

Der Einzelne befindet sich in der Situation, permanent Entscheidungen, Neuentscheidungen, Nichtentscheidungen und Neubewertungen treffen zu müssen. Er muss diejenigen Werte, die ihm wichtig sind, bewusster reflektieren und auf mutige Art und Weise in seinen Alltag integrieren.

Auf der Ebene von Unternehmen wird die Bindung der Mitarbeiter an den Betrieb zurückgehen, da diese keine – im gewohnten Sinne – sicheren Arbeitsplätze mehr garantieren. Umgekehrt bedeutet dies, dass künftig Unternehmen deutlich mehr tun müssen, um ihre Mitarbeiter und Fachkräfte an sich zu binden.

Die virtuellen Arbeitsprozesse der Zukunft erschweren die Entstehung eines Gemeinschaftsgefühls bei den Mitarbeitern.

Die Menschen werden ständig damit beschäftigt sein, die gegenseitigen Verpflichtungen neu auszuhandeln und ihre Positionen zu klären. Bis sich ein Gemeinschaftsgefühl entwickeln kann, ist das flüchtig geknüpfte Netz schon wieder aufgelöst. Die Verbundenheit des einzelnen Mitarbeiters mit seinem Unternehmen wird auch deshalb herausgefordert, weil die Kapitalgesellschaften als anonyme „Besitzer auf Zeit“ immer weniger in Erscheinung treten und diese ihre CEOs ohnehin nur temporär bis zum nächsten gewinnbringenden Verkauf des Unternehmens einsetzen. Übergeordnete Werte, die dem Mitarbeiter Orientierung bieten, muss er sich in Zukunft selbst suchen und sich dafür genügend Zeit einräumen. Als Kompensation für das wegfallende Wirgefühl werden übergeordnete Handlungsrichtlinien stärker an Bedeutung gewinnen und deren Nichtbeachtung mit Nulltoleranz verfolgt werden. Angesichts der oben genannten Entwicklungen ist von einem Verlust an Unternehmensidentität und Firmenkultur auszugehen.

Neue Megamärkte und fortschreitende globale Vernetzung

Eine andere weitreichende Veränderung und Umwälzung unserer Gesellschaft erleben wir durch die Verschiebung der Bedeutungsgewichte ganzer Industriezweige. Bislang dominierende, taktgebende Märkte verlieren an Bedeutung, andere hingegen gewinnen an Gewicht. Die Megamärkte des 21. Jahrhunderts werden u. a. Energie und Energiesysteme, Bio- und Gentechnologie, Nanotechnologie und Miniaturisierung sein, aber auch Basischemikalien, Baustoffe, Textilien, Fleisch, Körner und Holz.[28]

Die ersten Weichen für eine biotechnologisch bestimmte Marktgesellschaft sind gesetzt. Was in den Labors entwickelt werden wird, kann der Menschheit enorm dienlich sein. Ohne Verantwortungs- und Wertebewusstsein kann es aber auch die Tür zu Perversion und Apokalypse öffnen.

Die Globalisierung als Prozess der fortschreitenden Vernetzung der Weltwirtschaft wird eine immer stärkere gegenseitige Abhängigkeit (Interdependenz) der Märkte und Akteure bewirken.

Die Verteilung der Arbeit erfolgt in Zukunft nach globalen Gesichtspunkten und täglicher Disposition, wodurch es zu einer immer stärkeren Verflechtung kommt. Wir beobachten die Verlagerung ganzer Industriezweige zwischen Ländern und Kontinenten. In den westlichen Industrienationen verbleibt vielfach nur eine Art Systemkopf der Unternehmen mit den Kernkompetenzen Forschung und Entwicklung sowie Marketing und Vertrieb, während die Produktion in Billiglohnländer verlagert wird.[29] Die Globalisierung wird sich in Zukunft für jeden Einzelnen im Alltag bemerkbar machen. Veränderte Formen der Kooperation zwischen Menschen werden sich etablieren. Heute bereits bestehende Social Communitys und Netzwerke sind Vorzeichen der vor uns liegenden Veränderungen. Der Umbruch und Wandel zur Dienstleistungsgesellschaft, getrieben durch Informationstechnologie und Telekommunikation, wird sich unverändert fortsetzen.[30] Die Veränderungen werden sich auch in den administrativen Bereichen vollziehen. Büropräsenz wird durch flexibles, ortsunabhängiges Arbeiten verdrängt.

Grundlegende Veränderungen im Bildungswesen

Wissen und Kompetenz werden in den künftigen Megamärkten zum zentralen Rohstoff für Innovationsfähigkeit und zum Träger unseres gesellschaftlichen Wohlstands. Der Selbstverantwortung für die eigene Weiterqualifizierung kommt dabei eine zentrale Bedeutung zu, um am Arbeitsleben Anschluss halten zu können. Weiterqualifikation sowie die Bereitschaft und Fähigkeit zum lebenslangen Lernen werden entscheidend für beruflichen Erfolg und gesellschaftliche Teilhabe sein. Letztere werden zur Voraussetzung für die eigene Employability unserer künftigen Arbeitswelt.

Demografischer Wandel

In den nächsten Jahrzehnten wird es zu einer Überalterung unserer Gesellschaft kommen. Simulationen gehen davon aus, dass das Durchschnittsalter der deutschen Bevölkerung bis 2050 von 42 auf 50 Jahre ansteigen wird, während im gleichen Zeitraum die Bevölkerung von aktuell etwa 84 Millionen auf rund 68 Millionen schrumpft. Wir müssen mit einem erheblichen Mangel an qualifizierten Arbeitskräften rechnen. Einzig eine anhaltende Zuwanderung aus dem Ausland könnte die Folgen für den Arbeitsmarkt abfedern.[31] Sozialsysteme, Zivilgesellschaft und Unternehmen werden gefordert sein, einen weitreichenden Umbau ihrer Organisationen und Steuerungsprinzipien zu vollziehen. Unternehmen werden künftig auf ältere Erwerbstätige zurückgreifen und sich mit stark alternden Belegschaften auseinandersetzen müssen. Eine stärkere Flexibilisierung der starren Altersgrenzen im Arbeitsprozess wird erforderlich werden.

Zunehmender Druck auf den einzelnen Menschen

Die Möglichkeiten globaler Machtausübung haben in den vergangenen Jahren zugenommen. Daher stellt sich die Frage, in welchem Tempo das Verantwortungsbewusstsein der Entscheidungsträger und ihre Bereitschaft zur Selbstkontrolle zugenommen haben.[32]

Zunehmende Ressourcenknappheit, steigende Isolation derer, die sich Innovationen nicht mehr leisten können, Verarmung und Kriminalisierung sind die Themen, die sich in den nächsten Jahren verstärkt auf den Arbeitsmarkt auswirken werden.

Bei der Betrachtung der gegenwärtigen weltwirtschaftlichen Lage lässt sich wohl zweifelsfrei sagen, dass der reine „Kasino-Kapitalismus“ unter Verdrängung sozialstaatlicher Ideen nicht nur die Wirtschaft, sondern auch die Gesellschaft belastet. Der Bevölkerungsrückgang, die Alterung der Gesellschaft, weniger Erwerbsfähige und Beitragszahler werden das System der Sozialleistungen unter Druck setzen. Die Arbeit wird in Zukunft nicht mehr mit den gleichen sozialen und ökonomischen Absicherungen verbunden sein, wie wir sie heute noch kennen, die jedoch im Kern ursprünglich Voraussetzung sind für ein eigenverantwortliches und selbstbestimmtes Leben.

Mit der Etablierung von flacheren Strukturen mit weniger Mitarbeitern wird eine verstärkte Leistungsorientierung und damit einhergehend eine schnellere Sanktionierung von Low Performance Einzug halten. Fachwissen allein wird für beruflichen Erfolg nicht mehr genügen, sondern Flexibilität, Veränderungsbereitschaft, Eigenverantwortung und lebenslanges Lernen werden gefragt sein, um beschäftigungsfähig zu bleiben. Während in den oben angesprochenen geschlossenen Systemen Qualifizierung und Lernen Basis für den beruflichen Aufstieg waren, werden diese Faktoren in Zukunft in den offenen Systemen lediglich Voraussetzung sein, um den beruflichen Abstieg zu vermeiden.[33] Stärkerer interner Wettbewerb erfordert auch verstärkte Belastbarkeit von Mitarbeitern und Führungskräften. Volatilität (Unbeständigkeit) des Einkommens, Arbeitsplatzunsicherheit, zunehmender Arbeitsplatzwechsel, Fluktuation und Brüche im Lebenslauf werden zur Normalität.

Arbeit wird für die Unternehmen produktiver, für den Einzelnen intensiver, länger und psychisch anspruchsvoller.[34]

Das „anytime, anywhere" wird in Zukunft an physische und psychische Grenzen stoßen. Das Risiko, den veränderten Anforderungen nicht mehr gerecht werden zu können, erhöht sich für die Menschen.

Die Zeit ist der neue materielle Wert. Telekommunikationsunternehmen verkaufen die Zeit so, wie man in der Nachkriegszeit auf dem Wochenmarkt die Kartoffeln anpries. Der Zeitbegriff wird weitgehend materiell interpretiert. Wer noch über das größte Zeitkontingent verfügt, hat am meisten Wert. Das Bewusstsein für das eigene Verfallsdatum rückt dem Einzelnen durch die vor seinen Augen im Sekundentakt ablaufende Lebensuhr viel näher.

Erwartet werden von jedem, der weiterkommen will, Anpassungsfähigkeit und Rastlosigkeit sowie Offenheit für kurzfristige Veränderungen und Risikobereitschaft.

Die extreme Flexibilitätsanforderung wird keine Anleitung dafür liefern, wie ein Leben ohne Einschränkung von Wohlbefinden und Lebensfreude angesichts der erheblichen Belastungen durchgehalten werden kann. Die Verantwortung dafür wird auf den Einzelnen ausgelagert. Die geforderte Flexibilität fördert den Trend, den Menschen auf sein zweckbestimmtes kurzfristiges Funktionieren einzustimmen.

Viele rasen durch die Zeit, während sie realisieren, dass ihre Seele nach wie vor nur zu Fuß unterwegs ist. Der flexible Mensch, nach dem gerufen wird, soll überall sein, nur findet er immer schwerer den Weg zu sich selbst. Die seit Jahren zu beobachtende allgemeine Zunahme von Angstempfinden weist darauf hin, dass auch obere Führungskräfte sehr sicherheitsorientiert sind und ihre Forderung nach Flexibilität und Offenheit sich schnell als leere Worthülse entpuppt. Sobald ein sicherer Job gefährdet ist, werden sehr viele von Existenzängsten heimgesucht. Aus unzähligen Gesprächen mit Führungskräften im Rahmen meines vor 25 Jahren gegründeten gemeinnützigen Vereins, der Gesellschaft zur Beratung von Führungskräften in schwierigen Phasen, habe ich die Einsicht gewonnen, dass nur 10 Prozent meiner Klienten wirklich risikobereit und angstfrei sind. Ich beginne die Gespräche bisweilen mit der Frage: „Was ist Ihnen wichtiger: Freiheit oder Unfreiheit?“ Die Antwort lautet „Freiheit“. Die nächste Frage: „Was ist Ihnen lieber: Geborgenheit oder Ungeborgenheit?“ Die Antwort lautet „Geborgenheit“. Zum Schluss frage ich: „Was ist Ihnen wichtiger: Geborgenheit und ein Gehalt von hundertfünfzigtausend Euro oder viel Freiheit, aber keine festen Gehaltszusagen, dafür ein mögliches Einkommen von 2 Millionen Euro?“ Die Antwort von 90 Prozent der Klienten lautet: „Lieber hundertfünfzigtausend Euro und damit verbunden ein Verlust an Freiheit als 2 Millionen und damit verbunden einen Verlust an Sicherheit."

Betrachten wir die Liste der häufigsten Ängste von Führungskräften näher, so können wir die Hauptursachen dieser Ängste mit dem in diesem Buch skizzierten Paradigmenwechsel in der Wirtschaft leicht in Zusammenhang bringen.[35] Angst vor Arbeitsplatzverlust, Fehlern, Überforderung, ansteigender Komplexität, neuen Anforderungen erschwerter Kalkulierbarkeit, Krankheit, Unfall, Alter oder Tod. Angst vor dem Loslassen altbewährter Verhaltensmuster, Angst im Zusammenhang mit der Installierung neuer Strukturen, Angst, Mitarbeitern nicht gerecht zu werden, vor der Übernahme von Verantwortung über Produkte, Personen, Ressourcen, Organisationen, Angst vor Status-, Autoritäts- oder Gesichtsverlust, vor dem Verlust der Solidarität der Kollegen, Angst vor dem Verlust der Unterstützung, Förderung und Zuwendung von Vorgesetzten. Viele haben nur gelernt, unter sicheren Verhältnissen mit viel Wertschätzung kreativ und leistungsfähig zu sein, nicht aber bei erdrückender Unsicherheit. Dies verleitet einige dazu, nur äußerst kurzfristig zu denken. Nach mir die Sintflut.[36]

Auch das Burn-out-Syndrom ist eine symptomatische Erscheinung, die nicht nur aus dem immer stärkeren Getriebensein resultiert, sondern auch aus der gleichzeitigen Informationsüberflutung, die vom Individuum nicht mehr verarbeitet werden kann. Burn-out-Symptome sind Gefühle des Ausgebranntseins und geistiger Leere in Form von körperlicher Erschöpfung, Lähmung, Angstzuständen, Depressionen, Schlaflosigkeit, Nervosität, Appetitlosigkeit, Konzentrationsverlust, Gereiztheit etc.

Noch benötigt unsere gegenwärtige Wirtschaft die Arbeitssüchtigen. Der Arbeitssüchtige besitzt das größte Prestige unter den Suchtkranken.[37] Burn-out-Symptome[38] gab es schon immer, lediglich die Zunahme ihrer Fallzahlen ist neu.

Auch Mobbing ist keine zufällige Wortneuschöpfung unserer Zeit. Mobbing ist die natürliche und sichtbare Folge eines Paradigmenwechsels. Der bisweilen pathologische Zwang, die Wirtschaft auf Touren halten zu müssen, führt zu psychischen und psychosomatischen Folgeerscheinungen. Der zunehmende individuelle Anpassungs- und Leistungsdruck macht sich immer öfter in Form von Gewalttätigkeiten am Arbeitsplatz Luft.[39] Die immer radikaleren Maßnahmenkataloge von Unternehmen teilen die Menschen entsprechend ihrer Reaktionen in zwei Hälften. Die einen reagieren mit Rückzug und depressiven Ängsten, die anderen mit Dominanzstreben und psychischer Gewalt. Man sollte darum nicht zwischen Tätern und Opfern unterscheiden, sondern zwischen „Täter-Opfern" und „Opfer-Opfern". Die Täter sind langfristig betrachtet nicht selten diejenigen, die zwar später, aber dann umso tiefer fallen. Aggressives wie depressives Verhalten sind gegensätzliche Reaktionen auf die gleichen Überforderungen. Der spanische Philosoph José Ortega y Gasset (1883–1955) hat einmal gesagt, dass Gewalt nichts anderes ist als Vernunft, die verzweifelt. Das heißt, dass sich im Mobbing das eigene Ohnmachtsgefühl derer, die es verüben, äußert.

II Unter welchen Voraussetzungen kann die Arbeitswelt von morgen zu einem besseren Ort werden?

In sich trägt jeder Einzelne das Erbe der Vergangenheit, das Echo der Gegenwart und Vorstellungen von der Zukunft. Die Fähigkeit, gedanklich in zukünftige Welten zu reisen, ist ein Alleinstellungsmerkmal menschlicher Existenz, doch wird sie in unserer heutigen Zeit oft ungenutzt gelassen, geht verloren in einem Meer der Überforderung und Resignation. In dieser Vernachlässigung liegt ein Abwenden von persönlicher Verantwortung, ein stillschweigendes Eingeständnis unserer Scheu vor dem Unbekannten.

Daher sind viele von uns und unsere Gesellschaften mehr in den Annalen der Vergangenheit verwurzelt als in den Visionen der Zukunft. Ein gravierendes Problem unserer Epoche: Wir verharren im Rückblick, suchen in vergangenen Tagen nach den Ursachen unserer Probleme, statt kühn und mit offenen Augen nach zukünftigen Lösungen zu streben.

Das Gleichgewicht zwischen positiven und negativen Zukunftsvisionen gerät ins Wanken, überschattet von düsteren Ahnungen. Der menschliche Blick in die Zukunft ist oft von Sorgen geprägt: Klimawandel, Umweltverschmutzung, das Sterben der Wälder, nukleare Desaster, der Verlust der Artenvielfalt, die Zunahme von Pandemien und Kriegen, die Angst vor dem digitalen Rückstand, vor den Schattenseiten künstlicher Intelligenz, vor dem Verlust des Überblicks. Die Zukunft, die ein Leuchtfeuer der Hoffnung sein könnte, scheint vielen nun fern und nicht erstrebenswert. Eine dichte Wolke des Pessimismus liegt über uns, blockiert die Vorstellung einer positiven Zukunft. Ohne eine Befreiung von diesem grauen Schleier der Bedrückung kann sich keine menschenzugewandte Zukunft entfalten.

Tag für Tag werden wir konfrontiert mit düsteren Prognosen, die uns lähmen und uns der Zuversicht berauben. Der Fokus liegt daher auf dem Erhalt des Gegenwärtigen, auf der Sicherung unserer Existenz, unserer gesellschaftlichen Position und der kurzfristigen Zukunft unserer Kinder. Diese Resignation hat sich auch auf viele der jungen Generation übertragen, deren Namensgebung „Letzte Generation“ nicht nur Wut, sondern auch Lähmung und Angst widerspiegelt. Die Mehrheit der jungen Deutschen blickt besorgt in die Zukunft. 86 Prozent der jungen Deutschen sorgen sich um die Zukunft.[40]

Wir stehen vor der Herausforderung, uns und die nachfolgenden Generationen zu ermutigen, die Zukunft mit all ihrem Potenzial mutig und positiv zu gestalten. Es gilt, nach Wegen zu suchen, wie wir unseren Kindern die Zuversicht zurückgeben können, mit Freude in die Zukunft zu blicken. Ohne Hoffnung ist keine positive Zukunft auf dem Arbeitsmarkt denkbar; wir würden von unseren eigenen negativen Visionen eingeholt werden.

Der Schlüssel zu einer proaktiven und positiven Zukunft liegt in einem gefestigten Charakter, einer Persönlichkeit, die wichtige Werte und Potenziale für die Zukunft in sich trägt und sich ihrer bewusst ist. Eine solche Persönlichkeit weiß, was sie will und was nicht, kennt den Wert des Beständigen und hat ein Gespür dafür, welche Lebensform den Menschen zuträglich ist.

Bevor wir über die Zukunftsszenarien unserer Arbeitswelt nachdenken, sollten wir uns mit den Voraussetzungen befassen, die es uns ermöglichen, zuversichtlich in die Zukunft zu blicken. Jemand sagte mir, man könne manchen jungen Menschen ansehen, welche Zukunft sie einmal gehabt haben werden.

Erlauben Sie mir eine kritische Bemerkung zu der Meinung vieler, die den technischen und digitalen Innovationen den Weg in eine rosige Zukunft zutrauen. Technische und digitale Innovationen, Fachwissen und Managementfähigkeiten sind wichtig für die Zukunftsgestaltung, doch sie sind nur Mittel zum Zweck, allenfalls Werkzeuge auf dem Weg zu einer lebenswerteren Zukunft. Der wahre Schlüssel für eine begründete Zukunftshoffnung hingegen liegt einzig und allein in unserem Charakter, unseren Werten und Gesinnungen.

Ein persönliches Erlebnis am Silvestervorabend der letzten Jahrhundertwende führte mir diese Einsicht eindrücklich vor Augen: Durch einen zufälligen Fund einer hundert Jahre alten Zeitung in einem Antiquariat der Prager Innenstadt am letzten Dezembertag 1999 stieß ich auf einen Artikel der Prager Zeitung vom 31. Dezember 1899, der das hinter dem Schreiber liegende Jahrhundert als sehr düster beschrieben hatte, aber das vor ihm liegende Jahrhundert in rosa Farben skizzierte: „Die Technik wird es sein, die Dampfmaschinen, die Werkzeugmaschinen, die Elektrizität. Die Glühbirne heißt das Zauberwort der Technik, die das neue Jahrhundert erhellen wird." Im Augenblick meines Fundes war das so rosig prophezeite neue Jahrhundert gerade abgelaufen und ich konnte zurückschauen. Die gefeierten Innovationen waren zwar eingetroffen, Wissenschaft und Technik hatten zwischen 1880 und 2000 mehr Innovationen hervorgebracht als in der gesamten Zeitspanne der Menschheitsgeschichte zuvor, sie haben aber nicht die soziale Wende zum Besseren gebracht. Es war ein Jahrhundert von über 100 Millionen Toten durch kriegerische Auseinandersetzungen, durch Totalitarismen, durch ideologische Bürgerkriege, den Ost-West-Konflikt, durch den Holocaust und den Gulag. Mir wurde in der Rückschau der grundlegende Irrtum bewusst, dem der Verfasser des

Artikels 100 Jahre zuvor aufgesessen war: Von technischen Innovationen allein ist kein Wandel zum Guten zu erwarten! Dieser Irrglaube treibt uns bis heute an. Die gravierendsten Veränderungen werden nicht, wie von vielen angenommen, durch technische Innovationen und immer schnellere Transportmittel bewirkt. Es ist der sich selbst überschätzende und durch Ideologien fehlgeleitete Charakter von einzelnen Menschen, der unermessliches Leid verursacht, und es ist der Charakter von einzelnen Menschen, der Leid und Grausamkeiten verhindert. So wird auch am Ende des jetzt längst angebrochenen Jahrhunderts nicht der tiefgreifende technologische und digitale Wandel darüber entschieden haben, wie es uns ergangen sein wird, sondern es werden die Haltungen und Handlungen der Menschen gewesen sein, die unser Jahrhundert geprägt haben werden.

Im Herzen aller Wandlungsprozesse stehen stets der Charakter und die Gesinnung, die Geisteshaltung der Menschen, welche den Veränderungen ihre Prägung und Richtung verliehen haben. Betrachten wir nur die schwindelerregende Geschwindigkeit, mit der sich die neuen Transportmittel bewegen, so sollten wir unser Augenmerk auf das Wesentliche richten: Auf das, was wir durch diese Mittel transportieren – unsere Überzeugungen, unsere Visionen, unsere Werte, unsere Persönlichkeiten.

Sollten wir es versäumen, einer trüben Zukunftsvision oder einer beschränkten, nur auf technischen Innovationen basierenden Zukunftsperspektive in unseren Gesellschaften entgegenzutreten, überlassen wir die Zukunft jenen, die sie für ihre Zwecke missbrauchen könnten. Dazu gehören auch Verschwörungstheoretiker, die düstere Zukunftsbilder malen, um unsere Arbeitswelt nach ihrem Gutdünken zu formen.

Die Zukunft entsteht zuallererst in unseren Gedanken und in unseren Herzen, bevor sie Realität wird. Wenn wir dies nicht erkennen und uns unserer Verantwortung nicht stellen, wird uns eine Zukunft überrollen, die wir so niemals gewollt haben. Wir wären dann nicht länger die proaktiven Schöpfer unserer Zukunft, sondern unfreiwillige Konsumenten einer Zukunft, die sich auch ohne unser Zutun entwickelt.

Zukunft ist nicht eine ferne Zeit, sie ist das, was die Menschen heute über sie denken. Eine lebenswerte Zukunft rückt umso schneller näher, je intensiver wir sie uns vorstellen können. Unser Optimismus bezüglich der Zukunft ist untrennbar mit unseren inneren Überzeugungen, Einstellungen und Werten verbunden. Je mehr Einfluss wir zu haben glauben, desto optimistischer sind wir. Jeder Mensch besitzt die Fähigkeit, sich eine positive Zukunft vorzustellen, genauso wie er die Fähigkeit hat, sich vor ihr zu fürchten.

Solange wir uns nicht fähig fühlen, die Zukunft kreativ und positiv zu gestalten, bleibt eine äußerst wichtige Ressource ungenutzt. Der Weg, sich eine positive Zukunft vorzustellen, führt einzig und allein über unseren Charakter. Dafür müssen wir die Arbeit an unserer Persönlichkeit aufnehmen. Wir müssen uns vorstellen können, welche Rolle wir in der Gestaltung der Zukunft spielen wollen, welche Werte uns wichtig sind, und wir benötigen Fantasie und Durchhaltevermögen. Mehr als 50 Prozent der Menschen sind chronisch resigniert und pessimistisch. Pessimismus führt zu einem Gefühl der Hilflosigkeit. Wir müssen hingegen eine Haltung anstreben, in der Kreativität, Wissen, Weisheit, Werte und Vorstellungskraft zusammenfließen, um das volle Potenzial der Zukunft zu erschließen. Wir müssen uns das Beste vorstellen können, um mit Überraschungen leben und gegebenenfalls auch auf schlimme Ereignisse vorbereitet sein zu können.

Die Zukunft ist die einzige Zeit, die wir gestalten und durch unsere Werte beeinflussen können. Je mehr wir uns eine zuversichtliche Zukunft vorstellen können und wollen, desto freier können wir werden.

Nun wenden wir uns einigen hoffnungsvollen Prämissen für eine optimistische Gestaltung der zukünftigen Arbeitswelt zu.

Betrachtet man die Fülle an Utopien und Zukunftsszenarien der vergangenen 200 Jahre, wird deutlich, dass die meisten an den Charaktereigenschaften derer gescheitert sind, die sie umsetzen sollten. Wäre der Pfad einfach, wären wir längst darauf.

Die Komplexität des Themas, das wir nun behandeln, erlaubt es uns nur, einige Wegweiser anzubieten. Wenn wir diese jedoch eingehend betrachten und auf uns wirken lassen, können sich dem aufmerksamen Geist neue und originelle Detailansätze eröffnen. Auch heute können Einzelne viel bewirken, weshalb wir im dritten Teil des Buches umfangreich auf persönliche Voraussetzungen eingehen. Keine Idee, egal wie revolutionär, kann ohne die innere Überzeugung des Einzelnen etwas bewirken!

Auf den nächsten Seiten überlegen wir, welche Grundfesten wir nicht erschüttern dürfen und auf welche wir uns festlegen müssen, um die im vorherigen Kapitel diskutierten Herausforderungen erfolgreich zu meistern.

Es geht auch um ein Überdenken von Weltanschauungen der einseitigen, linearen Vorstellung in Bezug auf materielle Wertschöpfung. Ein solches Denken, das von den Kapitalmärkten diktiert wird, ist nur unzureichend in der Lage, unabhängige und wegweisende Ideen zu produzieren.

Die gegenwärtige Ausgangssituation bietet uns die Chance, die Wirtschaft wieder deutlicher in einen kulturellen und sozialen Kontext zu stellen und zu integrieren. Der Ausweg kann nur eine Marktwirtschaft sein, in der gesellschaftlicher Zusammenhalt gewährleistet sind und ökologische sowie soziale Aspekte berücksichtigt werden. Das neue Bild des Erfolgreichen ist eigentlich ein sehr altes: das der integren Persönlichkeit.

II.1 Über der Würde des Gewinns steht die Würde des Menschen

Poverty is not created by the poor people.
Poverty is the outcome of the system that we have created, the concepts we have designed, the policies that we pursue. Poverty is an artificial imposition on people, it's not a natural thing.

Muhammad Yunus (Wirtschaftswissenschaftler und Friedensnobelpreisträger, 2006)

In einer Welt, in der wirtschaftlicher Erfolg oft an erster Stelle steht, sind wir aufgerufen, unser Verständnis von der Rangordnung des Menschen neu zu überdenken und gegebenenfalls neu auszurichten. Der Wert und die Lebensqualität der arbeitenden Person sollten in unserer Bewertung immer über dem materiellen Wert ihrer Arbeitsprodukte stehen. Wenn der Wert des Menschen nicht höher bewertet wird als das, was er produziert, werden auch die Käufer abgewertet. So sind wir aufgerufen, uns als Gesellschaft für die nicht ökonomischen Werte einzusetzen, um ein klares Verständnis für die wahren ökonomischen Werte zu entwickeln.

Die christliche Tradition sieht den Menschen als Krönung der Schöpfung, deshalb sollte in der Wirtschaft wie in der Gesellschaft der Mensch im Mittelpunkt stehen. Eine Abkehr von diesem Prinzip führt zu einer Entpersonalisierung, wie sie seit dem 19. und 20. Jahrhundert zunimmt.

Wenn wir den Menschen über seinen wirtschaftlichen Nutzen stellen, dürfen wir die Arbeitsbedingungen nicht nur auf die Gewinnziele der Konzerne ausrichten.

Im wirtschaftlichen Kontext ist es entscheidend, ob der Mensch unter dem Schutz der Menschenwürde steht. Die Menschenwürde entscheidet über das Wohl einer Gesellschaft, sowohl wirtschaftlich als auch politisch.

Der renommierte Sozialhistoriker Jürgen Kocka hinterfragt in seinem Artikel „Thesen zur Geschichte und Zukunft der Arbeit" die Grenzen des Wachstums. Arbeit hat einen eigenen Wert in unserem Leben, unabhängig vom erzielten Einkommen. Wir müssen unsere Vorstellung von einer erfüllten Arbeitsbiografie neu ausrichten, indem wir den Menschen und seine Arbeit über die reine Produktivität stellen.

Die weitgehend noch unbezahlte Arbeit in Familien, Gemeinden und der Gesellschaft, die auch in Zukunft von großer Bedeutung sein wird, verdient eine Neubewertung. Wie ordnen wir unbezahlte Care-Arbeit wie Altenpflege, Kinderbetreuung und ehrenamtliches Engagement ein, die unverzichtbar ist, aber nicht in die traditionellen Konzepte von Erwerbsarbeit passt? Wie gestalten wir die anstehenden Aufgaben in einer Welt, in der es weniger um Wachstum und Maximierung gehen wird, sondern mehr um Bewahrung und nachhaltige Nutzung begrenzter Ressourcen?

Für jeden fortschrittlichen Lösungsansatz ist eine nüchterne Betrachtung der Realität notwendig. Wir müssen veränderte Realitäten erkennen und ganzheitliche Lösungen suchen, die über Ökonomie und Politik hinausgehen und sich auf individuelle Selbstwertschätzung, Lebenssinn und Menschenwürde stützen. Die Rahmenbedingungen wirtschaftlichen Handelns sind keine Naturgesetze, sondern gesellschaftliche Konstruktionen, die verändert und an Werte angepasst werden können.

Wir benötigen eine Vision, die von einem Menschenbild geprägt ist, mit dem wir alle leben können. Wir müssen Arbeitsbereiche wie Kindererziehung, Gesundheitswesen und Bildung als Quellen sinnstiftender Tätigkeiten neu als materiellen Mehrwert entdecken. Solche Lösungen können nicht verordnet werden, sondern müssen aus dem Wunsch des Einzelnen heraus entstehen. Die Herausforderung besteht darin, Arbeit als sinnstiftendes Element wiederzuentdecken, um persönliche Freiheit und Würde für alle zurückzugewinnen. Es ist höchste Zeit, die Kluft zwischen überarbeiteten und arbeitslosen Menschen zu überbrücken.

In der Zukunft sollte es um eine Qualitätssteigerung der Arbeit gehen, die sich in einer inneren Haltung zur Arbeit manifestiert. Der Auftrag an die Menschheit, zu arbeiten, bleibt beständig und ist unabhängig von der Bezahlung oder dem Status der Arbeit.

Arbeit ist nicht nur Mittel zum Zweck, sondern auch Zweck an sich. Die Würde der Arbeit liegt nicht nur in ihren objektiven, sondern vor allem in ihren subjektiven Dimensionen. Arbeit ist ein Gut, unabhängig vom Lohn. Sie soll als Erfüllung und Sinn des eigenen Lebens verstanden werden, schafft soziale Strukturen und fördert die persönliche Entwicklung.

Die Voraussetzungen für eine lebensdienliche, nachhaltige Arbeitswelt liegen nicht primär in ökonomischen Fragen, sondern in der Antwort auf die Frage: Wie wollen wir leben? Menschen sollten so lange arbeiten dürfen, wie sie Freude daran haben. Gute Arbeit zeichnet sich dadurch aus, dass sie neben dem Aspekt des Geldverdienens vor allem Erfüllung und Selbstwertgefühl bietet.

Die Arbeit ist wichtiger als ihr Produkt; sie bestimmt über den Sinn ihres Zwecks. Wenn Arbeit den Menschen erst zum Menschen macht, dann muss sie seine Gesamtheit aus Leib, Seele und Geist umfassen. Wir müssen den Dualismus von bezahlter Erwerbsarbeit und unbezahlter Sorgearbeit auflösen. Wir müssen die heute noch unbezahlte, aber für den Erhalt der Gesellschaft ungemein wichtige gemeinnützige Arbeit aufwerten und der bezahlten Arbeit gleichstellen.

II.2 Nur ein Nachhaltigkeitsmarkt ist zukunftsweisend

Die „Lösungen“ von gestern sind die Probleme von heute.

Peter M. Senge (Direktor am MIT Sloan School of Management, Massachusetts)

Es ist eine unbestrittene Tatsache, dass Unternehmen primär darauf ausgerichtet sind, Geschäfte zu tätigen und Gewinn zu erwirtschaften. Ein verantwortungsbewusstes ökonomisches Handeln aber, das nicht ausschließlich finanziellen Gewinn anstrebt, sondern weitere Dimensionen des Erfolgs berücksichtigt, gefährdet auf lange Sicht den wirtschaftlichen Erfolg nicht, sondern trägt zu seiner Sicherung bei. Im Hinblick auf die Arbeit ist es notwendig, außerökonomischen Faktoren wieder den Stellenwert einzuräumen, den sie in der Menschheitsgeschichte innehatten. Unsere gegenwärtige Epoche fordert eine Rückbesinnung geradezu heraus.

Ein ausschließlich auf den ökonomischen Aspekt fokussiertes Arbeitsverständnis ist für eine zukunftsorientierte und sinnstiftende Gestaltung eindeutig zu eng gefasst. Seit der Veröffentlichung des wegweisenden Berichts „Grenzen des Wachstums“ des Club of Rome im Jahr 1972 und des Brundtland-Berichts von 1987 sollte es offensichtlich sein, dass das primäre Ziel der Menschheit nicht mehr im Wirtschaftswachstum, sondern in der Verfolgung einer nachhaltigen Zukunft liegt. Insbesondere Teile der jüngeren Generation fordern verstärkt wirtschaftliche Kriterien, die Aspekte wie Sinnhaftigkeit, soziale Gerechtigkeit, Mäßigung, ökologisches Gleichgewicht und die Bewahrung der Schöpfung berücksichtigen.

Wer erkannt hat, dass unsere Welt ein fragiles und vernetztes System ist, betrachtet die Ökonomie unter einem übergeordneten Gesichtspunkt. Die Natur kennt keine unbegrenzten Wachstumsprozesse. Tiere können sich im Gegensatz zum Menschen nicht überfressen. Die Wachstumswirtschaft benötigt jedoch einen ständig steigenden Konsum als Motor. Sie ist darauf ausgerichtet, den Menschen zu einem konsumorientierten Denken zu erziehen. Demoskopische Studien zeigen, dass die Mehrheit der Menschen sich privat durchaus mit weniger zufriedengibt.

Ein Umdenken hin zu einer wohlüberlegten Beschränkung bietet die Chance, uns von der Zwanghaftigkeit des Konsums zu befreien. Die Frage, die sich stellt, ist, ob wir die Freiheit des Marktes oder unsere eigene persönliche Freiheit und Mündigkeit höher bewerten.

Kurt Biedenkopf, der erste Ministerpräsident von Sachsen nach der Wiedervereinigung, konstatierte im Kontext seiner Konsumkritik: „Die Industrieländer folgen einem verfehlten Wachstumsbegriff. Das Wachstum ist zum Fetisch geworden, mit all den irrationalen Konsequenzen, die wir heute als Ausbeutung der Umwelt, Zerstörung des Klimas und Belastung nachfolgender Generationen erleben."

Er plädiert dafür, dass das 21. Jahrhundert zu einem „Jahrhundert der Bescheidenheit" werden sollte. Es gilt, den Pfad der via negativa, wie ihn die Klassiker nannten, zu beschreiten – lernen, Nein zu sagen und das als Fortschritt zu bewerten. Zukunftsgestaltung bedeutet, Besserem statt Größerem nachzustreben. Das immaterielle Vermögen eines Unternehmens – etablierte Marken, Forschungsergebnisse, Netzwerke, Reputation, Kernkompetenzen, gelebte Werte und ein verantwortungsvoller Umgang unter Mitarbeitern – ist zunehmend von Bedeutung, findet jedoch selten Eingang in Bilanzen. Um dieses Denken zu verankern, bedarf es mutiger Einzelner.

In einer Zeit, in der persönlicher Erfolg und Konkurrenz dominieren, erscheint Zufriedenheit fast als Gegenentwurf zum

Mainstream und ist oft negativ konnotiert. Wer für sein Unternehmen Frieden beansprucht, signalisiert möglicherweise den Wettbewerbern, sich aus dem Konkurrenzkampf zurückgezogen zu haben. Bedeutet Zufriedenheit Stillstand? Das ständige Wecken neuer Bedürfnisse ist der Motor unserer Marktwirtschaft. Wird dieser Prozess unterbrochen, entstehen künstlich neue Bedürfnisse. Menschen scheinen vor Zufriedenheit zurückzuschrecken, schaffen lieber neue Bedürfnisse, als sich dem Leidensdruck der Langeweile zu stellen, die erfüllte Wünsche mit sich bringen.

Materieller Mangel war stets ein Antrieb für wirtschaftliches Handeln. Doch die Perversion des westlichen Menschen liegt darin, dass es ihm weniger um die Beseitigung seiner Mängel geht als vielmehr um das Kreieren neuer. Dies macht Mängel paradoxerweise unentbehrlich. Was die Menschheit am dringendsten zu benötigen scheint, sind daher Mängel, denn aller Fortschritt, Wohlstand und wirtschaftliches Wachstum basieren auf deren Behebung.

Der römische Philosoph Seneca formulierte bereits im 1. Jahrhundert treffend: „Et maiora cupimus, quo maiora venerunt." – „Wir begehren umso mehr, je mehr uns zufällt."

Wie entkommen wir dieser Zwickmühle, die uns zu Getriebenen macht? Gleich dem Maurer, der heute noch ein Bleilot zur Vermessung von Höhe nutzt, gibt es auch metaphorische Bleilote für unser Leben. Dazu zählen das Gewissen, geteilte Werte, die Verpflichtung zur Wahrhaftigkeit, Empathie und Sympathie. Diese können Ausgeglichenheit und Balance herstellen. In der Antike galt das Temperament – also Mäßigung und Selbstbeherrschung – als sittliche Lebensnorm. Homer bezeichnete dies auch als Sophrosyne (Besonnenheit). Für Platon gehörten Maßhalten, Weisheit, Tapferkeit und Gerechtigkeit zu den vier Kardinaltugenden. Aristoteles sah tugendhaftes Handeln als maßvollen Mittelpunkt zwischen zwei Extremen menschlichen Verhaltens (mesotes): „Der tugendhafte Mensch wählt die Mitte und entfernt sich von beiden Extremen, dem zu viel und dem zu wenig."

Charles Handy, ein renommierter Wirtschaftsexperte, reflektiert über das persönliche Ergebnis seiner „erfolgreichen Karriere" mit tiefgründiger Einsicht: „Welchen Sinn hat es, Reichtümer anzuhäufen, die man unmöglich ausgeben kann, und welchen Zweck erfüllen all die Leistungen, die zur Schaffung dieser Reichtümer nötig sind, in einer Welt, in der ein Drittel aller Arbeitnehmer unterbeschäftigt ist? Wohin führt dieses rastlose Streben nach Wachstum? Selbst wenn unsere Umwelt diese Last noch tragen könnte – was sollen wir mit all den Dingen anfangen? Ich bin enttäuscht von der Rechtfertigung, dass diese beunruhigenden Entwicklungen unvermeidbare Nebeneffekte des Wandels seien. Ich bin verärgert über das vergeudete Leben so vieler Menschen, die inmitten des Reichtums in Armut untergehen. Ich bin besorgt über das Fehlen einer höheren, transzendenten Perspektive auf das Leben und seinen Sinn und über die Dominanz eines Wirtschaftsmythos, der unser gesamtes Handeln durchdringt. Geld ist ein notwendiges Mittel, aber nicht der Sinn des Lebens. Es muss Wege geben, das Gleichgewicht wiederherzustellen."

Die Mäßigung ist aktueller denn je für den bewusst entscheidenden Menschen. Weder die Habgierigen noch die Geizigen kennen diese Art der Freiheit. Viele haben die Erfolgsideologie unserer Zeit verinnerlicht, strebend danach, alles Erdenkliche zu erreichen. In einer Gesellschaft, die Selbstoptimierung zelebriert, scheint alles möglich und durch persönliche Anstrengung erreichbar: Glück in der Liebe, beruflicher Erfolg, körperliche Fitness und vieles mehr. Diese sind die Idole einer Gesellschaft, die Leistung, Fitness und Erfolg verherrlicht. Das Nichterreichen dieser Ziele, obwohl von außen betrachtet kein Drama, wird von vielen als persönliche Tragödie empfunden. Diese Menschen fühlen sich, als hätten sie Wesentliches verpasst. Sie sind sich bewusst, dass ihr gesellschaftliches Ansehen stark von ihrem beruflichen Erfolg abhängt. Daher wiegen unerfüllte berufliche Erwartungen, mangelnde Anerkennung oder ausbleibende Beförderungen umso schwerer. Das Scheitern scheint vorprogrammiert: Die Traumkarriere bleibt eine Ausnahme, Aufstiegschancen sind begrenzt, und selbst eine gute Ausbildung bietet keine Garantie mehr für eine erfolgreiche Karriere. Trotzdem messen sich viele ständig an unrealistischen Idealvorstellungen, scheitern daran und ziehen eine defizitäre Bilanz ihres Lebens.

Unser Selbstwert sollte nicht an Leistung, Nützlichkeit, akademische Grade, Gesundheitszustand, Aussehen oder unseren Marktwert, wie er durch einen Lohnausweis bescheinigt wird, geknüpft sein.

In der langen Geschichte der Arbeit war die überwiegende Zeitspanne durch wirtschaftlichen Stillstand, nicht durch Wachstum, geprägt. Erst mit der Industrialisierung im 18. Jahrhundert erlebten wir ein dynamisches Wachstum, begleitet von wirtschaftlichen Phänomenen, die uns heute geläufig sind. Aus dieser vergleichsweise kurzen Epoche abzuleiten, dass es auch in Zukunft eine Form von scheinbar unbegrenztem Wachstum geben muss, ist eine kurzsichtige Perspektive.

Die Annahme, dass Wachstum und Wohlbefinden untrennbar miteinander verbunden sind, stellen wir infrage. Studien zur Lebenszufriedenheit in verschiedenen Ländern zeigen, dass die vermeintlich führenden Wirtschaftsnationen oft auf hinteren Plätzen rangieren.

Die Folgen unseres bisherigen Handelns und unser ökologischer Fußabdruck weisen uns eindringlich auf die Notwendigkeit eines Wandels hin. Dies wird insbesondere vor dem Hintergrund der wachsenden Erdbevölkerung deutlich, die bis 2050 möglicherweise 10 Milliarden Menschen erreichen wird (im Vergleich zu nur 10 Millionen Menschen vor 8.000 Jahren). Die Ernährung der Erdbevölkerung wird eine unserer dringendsten Herausforderungen sein, die nur durch eine massive Steigerung der Lebensmittelproduktion oder durch deren gerechte Umverteilung bewältigt werden kann.

Notwendig ist eine neue Art des Wachstums. Der Wirtschaftsnobelpreisträger Joseph Stiglitz plädiert für eine Abkehr vom traditionellen Wachstumsbegriff und definiert Wohlstand nicht ausschließlich über materielle Güter.

Für das Streben nach mehr Nachhaltigkeit ist die Zusammenarbeit von wirtschaftlichen, politischen und gesellschaftlichen Akteuren unerlässlich. Sie müssen die ökonomische, ökologische und soziokulturelle Tragfähigkeit des Wirtschaftens unter Berücksichtigung der planetaren Belastungsgrenzen und des Gerechtigkeitsprinzips sicherstellen.

Es bedarf veränderter politischer Rahmenbedingungen in der nationalen und globalen Wirtschaftspolitik, die es Bürgern und der Wirtschaft gleichermaßen vorteilhaft machen, sich nachhaltig zu verhalten. Dies schließt auch die Entwicklung neuer Indikatoren und Maßstäbe für unseren Wohlstandsbegriff ein.

Zu den Kernpunkten der erforderlichen Transformation hin zu einer nachhaltigen Ökonomie zählen:

- Eine technologieinduzierte Steigerung der Effizienz in der Güterproduktion und im Ressourceneinsatz um ein Vielfaches gegenüber heute. Franz Josef Radermacher, Mitglied des Club of Rome und Leiter des Forschungsinstituts für angewandte Wissensverarbeitung in Ulm, spricht hier von einem „Faktor 10“.
- Innovationen sowohl im Bereich neuer Produkte, wie zum Beispiel erneuerbarer Energiesysteme, als auch gesellschaftliche Innovationen, wie die Übertragung und Weiterentwicklung des europäischen Modells der sozialen Marktwirtschaft auf globaler Ebene, sowie eine Renaissance des Zusammenspiels von Innovationen aus den Bereichen Technologie, Wissenschaft, Philosophie und Sozialwissenschaften.
- Ein angepasstes Konsumverhalten auf Basis neuer Lebensstile, die der Maxime folgen: „Verzicht bedeutet nicht weniger, sondern mehr.“
- „Think global, act local“: Strukturverändernde Eingriffe wie die Regulierung des globalen Güteraustauschs auf ein not-

wendiges Maß und die Förderung des regionalen und umweltfreundlichen Wirtschaftens.

Eine nachhaltige Ökonomie trägt maßgeblich zur Stärkung der menschlichen Würde bei: Der Mensch wird nicht mehr lediglich als Produktionsfaktor und Kostentreiber gesehen, sondern engagiert sich im Dienst des Menschen bei der Lösung gesellschaftlicher Probleme und im Schutz von Umwelt und Ressourcen. Er wandelt sich zum ermächtigten, aktiven Bürger, der die gesellschaftliche und wirtschaftliche Realität aktiv mitprägt.

Die Zukunftsmärkte einer nachhaltigen Wirtschaft werden sich in den Bereichen erneuerbare Energien, Abfallwirtschaft, Mobilität, Gesundheitswesen, Landwirtschaft, Bauwesen und Logistik befinden. In diesen Feldern liegen enorme soziale, ökologische und wirtschaftliche Potenziale.

Für eine wirtschaftliche und gesellschaftliche Neuorientierung müssen auch die Finanzmärkte einen wesentlichen Beitrag leisten. Es gilt, den Spekulationsgeschäften entgegenzuwirken, indem die Unternehmensbewertung auf Basis erweiterter Kriterien erfolgt, die über bloße Renditeaspekte hinausgehen. Ethische, ökologische und soziale Faktoren sollten in die wirtschaftliche Bewertung von Unternehmen stärker einfließen als bisher. Investiertes Kapital darf nicht gegen, sondern muss für unsere Zukunft arbeiten.

Nachhaltige Investitionen haben eine lange Geschichte, die bis ins 19. Jahrhundert zurückreicht, als Quäker und Methodisten unter dem Begriff „sin stocks“ Unternehmen ablehnten, die in Waffen, Glücksspiel, Tabak und Alkohol involviert waren. In den 1990er-Jahren gewannen nachhaltige Investitionen weiter an Bedeutung, insbesondere durch die verstärkte Kritik an der Globalisierung und den zunehmenden Fokus auf ökologische Aspekte.

Der Markt für nachhaltige Investitionen ist zwar noch relativ klein, hat jedoch in den letzten Jahren stark zugenommen und wird weiterwachsen. Ein auf Nachhaltigkeit ausgerichteter Finanzmarkt kann einen qualitativen Sprung in der gesellschaftlichen Transformation bewirken. Es ist daher an der Zeit, dass nachhaltige Investitionen aus ihrer Nischenposition heraustreten und zum Mainstream werden.

Staat und Politik sind gefordert, die notwendigen Berichtspflichten und Transparenzvorschriften zu erweitern und rechtsverbindlich durchzusetzen. Zudem sollten nachhaltige Kapitalanlagen steuerlich begünstigt werden, wobei der Staat selbst eine Vorreiterrolle einnehmen und in der öffentlichen Beschaffung Maximalanforderungen an die eigenen Vergabekriterien stellen sollte.

Analysten und Ratingagenturen sollten institutionellen Anlegern und privaten Investoren Orientierung bieten und durch ihre Bewertungen und Auflagen in verschiedenen Indizes, wie zum Beispiel SRI (Social Responsibility Investments), verstärkt Einfluss auf Unternehmen ausüben.

Institutionelle Anleger wie Pensionsfonds und Stiftungen, die große Vermögensfonds verwalten, sind ebenso verpflichtet, die oftmals nur proklamierten ethischen Standards fest in ihren Investmententscheidungen zu verankern.

Privatanleger müssen sich ihrer Verantwortung bewusst sein und erkennen, dass sie auch mit verhältnismäßig kleinen Investitionen die gesellschaftliche Realität beeinflussen. Sie müssen darüber informiert sein, was mit ihrem angelegten Geld geschieht, und die Verantwortung für ihre Investitionsentscheidungen tragen. Benötigt werden aussagekräftige und verlässliche Ökolabel – Nachhaltigkeitszertifizierungen für Finanzprodukte –, die den Einzelnen bei seinen Anlageentscheidungen ermächtigen. Mit solchen Hilfsmitteln kann der Bürger mehr Nachhaltigkeit im Finanzsektor und damit in der Wirtschaft einfordern – sei es in Form von Aktien, Anleihen, Investmentfonds, Direktbeteiligungen sowie Lebens- und Rentenversicherungen.

II.3 Übereinstimmung von Finanzmärkten und Realwirtschaft

Wir benötigen ein Verständnis von Geld, das sich nicht an der Logik der Akkumulation orientiert, sondern an der realen Wertschöpfung. Wir dürfen nicht weiterhin die Augen vor dem Ungleichgewicht zwischen Finanz- und Realwirtschaft verschließen. Geld muss zum Ausdruck echter Wertschöpfung werden, und der Finanzkapitalismus sollte wieder in die Rolle des dienenden Partners der Realwirtschaft schlüpfen.

In einer Werbekampagne behauptete eine Schweizer Bank, dass unser Geld bei ihr auch nachts, während wir schlafen, arbeite. Ein Kind würde diese Vorstellung sofort verneinen, doch viele Erwachsene sind davon überzeugt, dass dies nicht nur möglich, sondern auch normal sei. Wer hinterfragt schon, woher das Geld stammt, das scheinbar mühelos und ohne Gegenleistung sogar nachts arbeitet und sich vermehrt, während tagsüber Menschen keine Arbeit finden?

Wenige machten sich Gedanken darüber, ob Vermögen tatsächlich ein Geschenk des Himmels ist, das man ohne schlechtes Gewissen genießen kann, oder ob es einen Zusammenhang zwischen dem arbeitenden Geld und den arbeitslosen Menschen gibt, bei denen nachts leider keine wundersame Geldvermehrung stattfindet. In einigen wohlhabenden Ländern erzielten Vermögende ohne Arbeit (während sie schliefen) bis vor Kurzem mehr Gewinn, als die weniger Vermögenden durch ihre harte Arbeit (tagsüber) als Lohn einnehmen konnten. Globale Unternehmen generierten teilweise mehr Gewinn durch Spekulationen als durch industrielle Wertschöpfung.

Unsere Kapitalerträge sollten dazu genutzt werden, die sozialen Verpflichtungen einer verantwortungsbewussten Gesellschaft zu erfüllen. Zukunftschancen werden sich erneut eröffnen, wenn Investoren bewusster in Unternehmen investieren, die aufgrund ihrer nachhaltigen Aktivitäten förderungswürdig sind. Freie finanzielle Mittel sollten Geldinstituten zur Verfügung gestellt werden, die Transparenz in ihrer Anlagepolitik und -praxis garantieren. Unternehmen, die Investoren mit hohen Renditeversprechungen anlocken wollen, sollten boykottiert werden. Pensionskassen sollten dazu angehalten werden, ihre Anlagepolitik auf ethischen Überlegungen aufzubauen. Vermögende Bürger sollten faire Renditen bevorzugen und diese zumindest teilweise als gemeinnützige Investitionen an die Allgemeinheit weitergeben. Ihre wirtschaftlichen Entscheidungen sollten sie im Sinne gesellschaftlicher Verantwortung und unter Berücksichtigung ihres Gewissens fällen.

Wenn wir wieder ein Gleichgewicht zwischen Arbeit und Kapital anstreben und die aus der Balance geratene Rolle des Geldes eindämmen wollen, erfordert dies die Bereitschaft, sich auf den Weg eines grundlegenden Wertewandels zu begeben. Dieser Weg beginnt in unserem Wollen, unserer Gesinnung, in unseren Herzen. Nicht allein eine neue Rahmenordnung, sondern ein tiefgehender Gesinnungswandel kann den Kapitalismus vor den Kapitalisten retten.

II.4 Unternehmen als Träger gesellschaftlicher Verantwortung

Wir sind nicht nur für das verantwortlich, was wir tun, sondern auch für das, was wir nicht tun.

Molière (Dichter, 1622–1673)

Es ist an der Zeit, dass Unternehmen sich wieder entschiedener als Träger gesellschaftlicher Verantwortung begreifen.

Die in den vergangenen Jahren durchlebten Wirtschaftskrisen und die noch bevorstehenden Herausforderungen bieten die große Chance, zu erkennen, dass niemand mehr ausschließlich zum eigenen Vorteil wirtschaften kann. Eigennutz sollte im 21. Jahrhundert bedeuten, füreinander zu sorgen. Die Entwicklungen der vergangenen Jahre haben gezeigt, dass nationale Alleingänge und wirtschaftliche Austeritätspolitik bei der Bewältigung globaler Herausforderungen unzureichend sind.

Es sind neue Governance-Strukturen und Kooperationen erforderlich, die dazu beitragen, bestehende Fehlentwicklungen zu korrigieren und zu mindern. Dafür setzen sich seit Jahren Organisationen wie der Club of Rome, das Ökosoziale Forum Europa, das Global Economic Network und die Global Marshall Plan Initiative ein. Alle diese Organisationen und Initiativen eint die Forderung nach einem Paradigmenwechsel in folgenden Bereichen:

- Wirtschaftliche Wende: Gemeinwohlinteressen sollten über Eigeninteressen gestellt werden; Sozialunternehmen (Social Business) sollen zur Erneuerung der Wirtschaft beitragen.
- Politische Wende: Global verantwortungsbewusstes Denken und Handeln statt nationale Egoismen.

- Zivilgesellschaftliche Wende: Eigeninitiative in Zusammenarbeit mit Wirtschaft und Politik kann mehr bewegen.

Die ungeschminkte Realität offenbart, dass der Staat sich hin zu einer Verantwortungsgesellschaft wandeln muss.

Dabei muss soziale Verantwortung verstärkt in die Hände zivilgesellschaftlicher, freiwilliger Initiativen gelegt werden, ähnlich wie es vor über hundert Jahren üblich war.

Sozial bedeutet in der Zukunft: Die Schaffung von Voraussetzungen für Beschäftigung.

Folgende Kernanliegen lassen sich für die Zukunft definieren:

- Reform des Weltfinanzsystems und Umweltabkommen im Geiste von Bretton Woods II und Kyoto II.
- Förderung sozialer Innovationen, wie zum Beispiel Social Enterprises.
- Umsetzung der Global Marshall Plan Initiative, deren Ziel eine „Welt in Balance“ ist. Dies erfordert eine verbesserte Gestaltung der weltökonomischen Prozesse hin zu einer weltweiten ökosozialen Marktwirtschaft.

Bei der Bewältigung der bevorstehenden Herausforderungen geht es um die Frage, ob wir noch rechtzeitig Lösungen für die drängenden Probleme unserer Zeit – Umweltbelastung, Korruption, Verschuldung und soziale Ungleichgewichte – finden können. Ein wesentlicher Schritt wäre, die Gründung von Unternehmen nur dann zuzulassen, wenn sie glaubhaft nachweisen können, dass sie keine unternehmensverursachten Kosten zur Verbesserung ihrer Wettbewerbsposition auf die Allgemeinheit abwälzen.

Forschungen des Instituts für angewandte Wissensverarbeitung in Ulm legen eindrucksvoll dar, dass Gesellschaften immer dann scheitern, wenn ökonomische Ungleichgewichte zu groß werden. Daraus folgt, dass soziale Mindeststandards für alle gelten müssen. Der Markt muss der Gesellschaft dienen, nicht umgekehrt.

Bereits jetzt ist das Thema Nachhaltigkeit unumgänglich für Unternehmen. Es reicht nicht mehr aus, nur kurzfristige Optimierungen anzustreben – vielmehr müssen Unternehmen die langfristigen Konsequenzen ihres Handelns in den Blick nehmen.

Die Entwicklung von Unternehmen hin zu mehr gesellschaftlicher Verantwortung als tragende Säule der Gemeinschaft manifestiert sich in der zunehmenden Diskussion um Corporate Responsibility (CR). Corporate Responsibility ist eine essenzielle Führungsaufgabe, die darauf abzielt, wirtschaftliche, gesellschaftliche und ökologische Auswirkungen des Unternehmenshandelns in Einklang zu bringen und zugleich eine nachhaltige Unternehmens- und Geschäftsentwicklung zu fördern. CR sollte daher ein integraler Bestandteil sowohl der operativen als auch der strategischen Geschäftsentscheidungen sein. Im Fokus steht die Integration und Verzahnung von Umwelt- und Sozialmanagement mit der strategischen Unternehmensführung und dem operativen Management.

Solange es in Unternehmen lediglich separate Abteilungen gibt, die als soziales Gewissen fungieren, ist das Ziel noch nicht erreicht. Einzelne CR-Projekte, Compliance-Programme oder Jahresberichte, die lediglich Initiativen auflisten, sind unzureichend, insbesondere wenn diese Maßnahmen primär darauf abzielen, das Unternehmensimage zu verbessern oder von problematischen Praktiken abzulenken. Notwendig ist vielmehr eine glaubwürdige Positionierung auf Basis einer nachhaltigen Unternehmenskultur, die ihren Werten und Prinzipien treu bleibt. Trotzdem markiert diese Managementstrategie einen wichtigen Schritt, der zeigt, dass unternehmerische Verantwortung über reine Gewinnmaximierung hinausgeht.

Aktuelle Studien weisen nach, dass CR-Initiativen die Wettbewerbsposition von Unternehmen stärken und deren langfristigen Erfolg sichern können. Unternehmerische Freiheiten sollten so eingesetzt werden, dass sie nicht zulasten der Gesellschaft und der Umwelt gehen, sondern zu deren Wohl beitragen. Ohne entsprechende Anreizstrukturen und ein Mindestmaß an Regulierung wird das Ziel eines sozialen Ausgleichs und einer gesteigerten gesellschaftlichen Verantwortung jedoch unerreichbar bleiben.

Unternehmen mit beschädigtem Ruf müssen ihre gesellschaftliche Legitimation und Akzeptanz zurückgewinnen, Vermögenswerte wie Integrität, Glaubwürdigkeit und Reputation wieder aufbauen und in ihren Bilanzen berücksichtigen. Die Investition in solche Vermögenswerte erfordert ein Management, das den Zusammenhang zwischen Freiheit und Verantwortung versteht und sowohl in strategischen als auch operativen Angelegenheiten umzusetzen weiß. Dies ist die Aufgabe aller Führungskräfte und Mitarbeiter gemeinsam. Nachhaltigkeit muss im gesamten Unternehmen verankert sein. Dies erfordert von Unternehmen, über Einzelmaßnahmen und singuläre Wohltätigkeitsprojekte hinauszugehen und eine gesellschaftlich und ökologisch verantwortungsvolle Ausrichtung ihres Kerngeschäfts kontinuierlich zu verfolgen. Zur CR gehört auch, dass Topmanager ihre Verantwortung für das Unternehmen durch persönliche Haftung im Falle eines Konkurses in ihren Arbeitsverträgen verankern.

In den vergangenen Jahrzehnten wurden die Bedürfnisse und Forderungen der Anteilseigner einseitig in den Vordergrund gestellt. Die lang anhaltende Diskussion darüber, welche Interessen ein Unternehmen primär verfolgen soll – die der Shareholder oder die der Stakeholder –, muss zugunsten der Letzteren entschieden werden. Ethische und gesellschaftliche Anforderungen sind ein integraler Bestandteil unternehmerischer Verantwortung.

Es geht darum, die grundlegende Frage nach Sinn und Legitimation der Wirtschaft selbst zu beantworten und richtigzustellen: Die Wirtschaft existiert zum Wohle des Menschen. Ihre

Aufgabe ist es, die menschlichen Lebensgrundlagen zu sichern und ein gerechtes Miteinander auf Basis von Gleichheit, Freiheit und Unversehrtheit aller zu ermöglichen. Peter Ulrich von der Hochschule St. Gallen formuliert es so: „Das Streben nach Vorteil und Gewinn muss durch eine intelligente ordnungspolitische Rahmenordnung des Marktes und durch starke Geschäftsprinzipien gezähmt werden. Es reicht nicht aus, sich auf die unsichtbare Hand des Marktes zu berufen, denn sie ist hauptsächlich deshalb unsichtbar, weil es sie in Wahrheit nicht gibt. Es bedarf weltweit anerkannter Standards guter Unternehmensführung, unterstützt von einer überstaatlichen Rahmenordnung globaler Märkte. Andernfalls wird der globale Standortwettbewerb die nationale Politik zunehmend zwingen, privatwirtschaftliche Interessen über volkswirtschaftliche zu stellen."

Einige Beispiele für CR-Verhaltensstandards in Unternehmen

- Integrität gegenüber öffentlichen und privaten Auftraggebern
- Verpflichtung gegenüber dem Gesetz
- Keine Beteiligung an kartellartigen Absprachen
- Keine Zuwendungen an Auftraggeber
- Ehrlichkeit und Transparenz bei der Vertrags- und Preisberechnung/-gestaltung
- Ablehnung illegaler Geschäftspraktiken
- Ehrlichkeit und Offenheit in allen Phasen der Projekte
- Wertschätzung und Schutz der Persönlichkeitsrechte aller Mitarbeiter, unabhängig von Herkunft und Geschlecht
- Sparsamer Umgang mit Ressourcen
- Entwicklung, Herstellung und Vertrieb von Produkten, die dem Gemeinwohl dienen
- Verpflichtung gegenüber der Gemeinde, Kommune oder Stadtregion, in der das Unternehmen tätig ist

Die Integration spezieller Kennzahlen in die Ratings von Unternehmensanalysten und die wachsende Bedeutung von Nachhaltigkeitsfonds, die Unternehmen nach diesen Kriterien bewerten und auswählen, geben Anlass zur Hoffnung, dass über die oft kritisierten Finanzmärkte eine positive Regulierung und Steuerung im Sinne der Nachhaltigkeit möglich wird.

Die Menschen erwarten, dass führende Unternehmer weltweit Visionen entwickeln, die über ihre eigenen Bilanzen hinausgehen und soziale Aspekte miteinbeziehen. Sie fordern von Führungskräften, sich als Pioniere zu erweisen, wenn es darum geht, die sozialen Komponenten der Marktwirtschaft zu konkretisieren und zu stärken.

Eine neue Generation von Unternehmern wird notwendig. Ein Blick hundert Jahre zurück in die Biografien einzelner Unternehmer offenbart, dass viele herausragende und erfolgreiche Persönlichkeiten gerade diejenigen Visionäre waren, die sich ihrer sozialen Verpflichtung stellten. Ohne die Möglichkeit, soziale Verantwortung auf den Staat abzuwälzen, gründeten sie ihre Unternehmen oft aus sozialen Erwägungen heraus. Ein Beispiel hierfür ist der Sozialreformer Julius Maggi, der 1883 eine haltbare Kochsuppe entwickelte, um die damals mangelhafte Ernährungslage zu verbessern. Angesichts seines Erfolges wird er heute nicht als untätiger Mystiker, sondern als neugieriger Mann voller Tatendrang gewürdigt, der die Lebenssituation vieler Menschen nachhaltig verbessert hat.

Viele Unternehmer des frühen Kapitalismus erkannten die Probleme ihrer Zeit und handelten gemäß ihren Werten und Visionen. Krankenhäuser, Arbeiterwohnheime, Krankenversicherungen, Fürsorgeeinrichtungen und Pensionskassen entstanden, weil diese Unternehmer die sozialen Probleme ihrer Zeit als eigene unternehmerische Angelegenheiten betrachteten. Durch den Bau von Arbeitersiedlungen, Bade- und Kosthäusern, Kindergärten, Krankenhäusern und Altersresidenzen für ihre Belegschaft sowie die Einführung von Arbeitszeitreduktionen ohne

Lohnkürzungen zeigten einige, dass sie die Stimme ihres Gewissens ernst nahmen.

Die ökonomische Debatte wird immer wieder durch Diskussionen über Grundpositionen befeuert, die sich um das Gleichgewicht zwischen individueller Freiheit und kollektiver Solidarität drehen. Da individuelle Freiheit naturgemäß eher zum Egoismus als zur Solidarität neigt, ist es wichtig, dieses Spannungsfeld nicht aus den Augen zu verlieren. Ein Umdenken ist erforderlich: Weg vom „Ich-Wohl" hin zum Gemeinwohl. Aber was gibt uns die Motivation, uns ändern zu wollen?

Der Mensch muss zuerst in seinem Inneren mit der Veränderung beginnen und seinen persönlichen Egoismus entlarven. Ohne diesen grundlegenden Schritt können wir keine Änderung des Systems erwarten. Die einseitige Verehrung des Ichs geht davon aus, dass Selbstverwirklichung und ein Leben im Dienst des Nächsten einander ausschließen. Dies ist jedoch ein Trugschluss: Für viele Menschen haben Solidarität, Hilfsbereitschaft, soziales und politisches Engagement den gleichen Stellenwert wie Motive der Selbstverwirklichung und beruflicher Erfolg.

Die Glaubwürdigkeit der Wirtschaft in der Zukunft hängt maßgeblich von der gesellschaftlichen Akzeptanz ihrer Vertreter – den Unternehmenslenkern und Führungskräften – ab. Das Vertrauen in die Führungselite der Großkonzerne ist jedoch derzeit rückläufig. Untersuchungen bestätigen, dass die Qualität des Managements eine zentrale Rolle für den langfristigen Erfolg spielt, unabhängig von Branchenkonjunkturen. Das Versagen des Managements hat zwei Dimensionen: Fehler beim unternehmerischen Handeln im engeren Sinne und das Nichterfüllen von moralischen Anforderungen, wobei Letzteres aufgrund seiner langfristigen Folgen und der gesellschaftlichen Tragweite schwerwiegender einzustufen ist.

Für den Einzelnen ist es bedeutungsvoll, sich immer wieder neu auf eine Sensibilisierung des eigenen moralischen Bewusstseins zu besinnen und bereit zu sein, das eigene Handeln zu hinterfragen. Integrität, Glaubwürdigkeit, Ehrlichkeit und Verlässlichkeit sollten als zentrale Elemente von Leadership verstanden werden. In unserer Gesellschaft besteht ein Bedürfnis nach Vorbildern, und es gibt sie, die Leuchttürme und Vorbilder! Es gibt auch die herausragenden Unternehmen.

Führungskräfte tragen eine zentrale Mitverantwortung für die Lebensqualität in unserer Gesellschaft. Da die Kirchen heute als Ethik- und Normgeber insbesondere durch eigene drastische Verfehlungen leider an Legitimation verlieren, werden die neuen Normgeber die Führungskräfte in Unternehmen. Keine verantwortungsvolle Führungskraft kann sich dem Spannungsverhältnis zwischen Erfolg und Gewissen entziehen, und ein ethisch orientierungsloses Management kann keine glaubhafte und erfolgreiche Führung realisieren. Viele Produktivitätseinbußen und Innovationsverluste werden durch fehlendes ethisches Bewusstsein ausgelöst.

II.5 Entkopplung der Zwangsehe von Arbeit und Verdienst

In unserer gegenwärtigen Gesellschaft dient die Erwerbsarbeit als fundamentale Quelle des nationalen Steuereinkommens und ist unmittelbar mit dem volkswirtschaftlichen Konsum verknüpft. Sie bildet in den meisten westlichen Staaten das Rückgrat des sozialen Sicherheitssystems und bedeutet für den einzelnen Schlüsselraum für persönliche Anerkennung, Identitätsbildung, Selbstwert und gesellschaftliche Integration.

Nichtsdestoweniger führt dieses System zu einer kontinuierlichen Abwertung derjenigen, die sich unentgeltlich wichtigen Aufgaben widmen. Unbezahlte Sorgearbeit, die außerhalb des Rahmens der Sozialversicherung und Besteuerung geleistet wird – wie die Pflege und Erziehung in Familien sowie Tätigkeiten im sozialen, politischen und kulturellen Bereich, oft im Rahmen ehrenamtlicher oder ausbildungsbezogener Arbeit –, wird trotz ihrer gesellschaftlichen Notwendigkeit nicht adäquat anerkannt und oft übersehen. Angesichts der Tatsache, dass circa 60 Prozent dieser gesellschaftlich unerlässlichen Arbeit von Personen verrichtet wird, die dafür keine finanzielle Anerkennung erhalten, erscheint eine anhaltende Konzentration auf bezahlte Erwerbsarbeit als unzulänglich für die Entwicklung eines nachhaltigen und zukunftsfähigen Arbeitsverständnisses.

Eine ausschließlich auf die angemessene Entlohnung sogenannter „nützlicher" Arbeit ausgerichtete Beschäftigungspolitik wird zukünftig nicht ausreichen, um ein erfüllendes Arbeitsleben zu gewährleisten und dem Bedürfnis nach sinnstiftender Tätigkeit gerecht zu werden. Eine solche Fortsetzung der aktuellen Praxis birgt das Risiko, die gesellschaftliche Spaltung zwischen stabil Beschäftigten und Arbeitslosen weiter zu vertiefen, was wiederum erhöhte volkswirtschaftliche Kosten nach sich zieht.

Die Notwendigkeit, unbezahlte Arbeit aufzuwerten und ihr einen gleichwertigen Status neben der bezahlten Arbeit zu verleihen, steht im Vordergrund. Das heutige Verständnis von Erwerbsarbeit als dem alleinigen Struktur- und Gesellschaftsprinzip muss einem umfassenderen Ansatz weichen. Es ist an der Zeit, eine Vision für eine Gesellschaft zu entwickeln, die sich an Prinzipien jenseits des Kapitalismus orientiert – an Werten wie Gemeinsinn, sinnvolle Arbeit, staatliche Verantwortung und Nachhaltigkeit. Die Frage, ob wir weiterhin einer Wirtschaft folgen wollen, die sich als Selbstzweck versteht, oder ob wir den Markt zukünftig als Mittel zum Zweck des menschlichen Wohlbefindens begreifen wollen, steht im Raum.

Die Fokussierung des Arbeitsmarktes auf hoch qualifizierte Tätigkeiten erscheint bereits jetzt als begrenzt. Eine Erweiterung des Verständnisses wertvoller Arbeit über die Tätigkeiten der Höchstqualifizierten hinaus auf ein breiteres Spektrum von Aufgaben könnte den Weg für ein kreatives und entspannteres Nachdenken über die Zukunft der Arbeit ebnen.

Eine zukunftsorientierte Arbeitsmarktpolitik muss die Prävention von Arbeitslosigkeit über sozialstaatlich finanzierte Kompensationsmaßnahmen stellen. Ordnungspolitische Maßnahmen zur Förderung der Schaffung neuer Arbeitsplätze, unterstützt durch steuerliche Anreize für Unternehmen, die Arbeitsplatzabbau vermeiden, könnten einen Paradigmenwechsel einleiten. Dieser Wechsel weg von der Illusion einer Vollbeschäftigung hin zu einer Gesellschaft, die Arbeit und Beschäftigung neu denkt, birgt das Potenzial für innovative Lösungen.

Warum sollte es in einer funktionierenden Volkswirtschaft nicht möglich sein, dass jeder Bürger gemäß seinen persönlichen und familiären Bedürfnissen arbeiten kann? Arbeit sollte erneut als Quelle menschlicher Würde und Erfüllung betrachtet werden. Dies könnte zur Entwicklung neuer, differenzierter Arbeitszeitmodelle führen, die eine strikte Trennung zwischen Erwerbs- und Nichterwerbsarbeit überwinden und den Arbeitsmarkt entlasten. Ein wachsender Teil der Erwerbstätigen zeigt Interesse daran, zugunsten anderer Lebensbereiche weniger zu arbeiten und dafür einen geringeren Verdienst in Kauf zu nehmen.

Eine Reduzierung der regulären Arbeitszeit könnte dazu beitragen, die hohe Arbeitslosigkeit zu reduzieren. Statt Personen, die von Rationalisierungsmaßnahmen betroffen sind, aus dem Wirtschaftssystem auszuschließen, könnten alle weniger Zeit im Erwerbssystem verbringen und mehr Zeit für häusliche, soziale, kreative und bildungsbezogene Tätigkeiten aufwenden. Eine Arbeitswoche von 20 bis 25 Stunden pro Person wäre aus familienpolitischer Sicht ideal. Die Frage, ob die Existenz einer Zweidrittelgesellschaft, in der ein signifikanter Teil der Bevölkerung von Armut betroffen ist, unvermeidlich ist, oder ob sie vielmehr ein Zeichen dafür ist, dass es an dem Mut fehlt, unsere Gesellschaft auf sozialverträgliche Weise neu zu gestalten, bleibt bestehen.

Es ist entscheidend, einen Weg zu finden, einerseits unbezahlte Arbeit aufzuwerten und ihr einen höheren gesellschaftlichen Stellenwert zu verleihen und andererseits die vorhandene Menge an bezahlter Erwerbsarbeit geschlechterunabhängig gerechter zu verteilen. Dies impliziert, dass jeder, der das Privileg einer bezahlten Tätigkeit genießt, auch einen Beitrag zur Nichterwerbsarbeit leisten sollte, um soziale Ungleichgewichte auszugleichen. Es könnte erwägenswert sein, Beschäftigungsmöglichkeiten speziell jenen zu bieten, die sich auch um Betreuungsaufgaben kümmern.

Nach Ansicht des Schweizer Volkswirtschaftlers Dr. Hans Würgler ist die derzeitige Trennung zwischen Erwerbs- und Nichterwerbsarbeit nicht zukunftsfähig. Die zunehmende Bedeutung einer tiefer gehenden Auseinandersetzung mit dem Thema der Nichterwerbsarbeit wird immer offensichtlicher. Wir befinden uns in einem Transformationsprozess, in dem der Anteil bezahlter Erwerbsarbeit kontinuierlich abnimmt, während viele Aufgaben im Bereich der Betreuung und Erziehung unbezahlten Freiwilligen überlassen werden. Eine Neubewertung der Nichterwerbsarbeit, einschließlich ihrer Integration in das System der Sozialversicherungen und Besteuerung, etwa durch die Einführung von Betreuungsgutschriften, ist dringend erforderlich.

Um die Ausübung von Nichterwerbsarbeit aufzuwerten und als grundlegendes Recht auf Erwerbstätigkeit zu etablieren, müssen entsprechende Infrastrukturen verbessert oder neu geschaffen werden. Auch die Organisation des Lebens rund um die Arbeit sollte so angepasst werden, dass längere Phasen der Nichterwerbsarbeit gesellschaftlich akzeptiert werden.

Durch eine Neudefinition bestimmter Tätigkeiten als Arbeit könnte das gesamtwirtschaftliche Arbeitsvolumen unbegrenzt erhöht werden. Viele Aktivitäten wie Politik und Wissenschaft, die in der Antike noch als Freizeit galten, werden heute als Arbeit betrachtet. Ähnlich könnten unbezahlte Hausarbeit oder ehrenamtliche Gemeindearbeit, die lange Zeit keinen monetären Wert besaßen, aufgewertet werden. Die Einbeziehung ehrenamtlicher Arbeit in die Berechnung des Bruttoinlandsprodukts wäre ein bedeutender Fortschritt. Solange der Markt Werte ignoriert, die keinen Preis haben, wird er unsere Wertvorstellungen verzerrt wiedergeben.

Indem wir die Vorstellung akzeptieren, dass uns im Leben Eigentum nur leihweise zur Verfügung steht, könnten wir einen Ansatzpunkt finden, um Arbeit in einem umfassenderen Sinne für den Menschen neu zu bewerten – als ein höchstes Gut, das weit über die bloße Effizienzbetrachtung hinausgeht.

II.6 Die Verantwortung des Staates

Ideologisch verbrämte Debatten darüber, ob Markt oder Staat, Regulierung oder Deregulierung Vorrang haben sollten, leisten keinen sinnvollen Beitrag zu einer würdevollen Gestaltung der Arbeitswelt von morgen. Wir benötigen einen Politikstil, der eine globale ökosoziale Marktwirtschaft möglich macht. Nur ein neuer Ordnungsrahmen, ein neuer Gesellschaftsvertrag, kann dies ermöglichen. Der Staat hat neue Spielregeln für eine neue Marktordnung zu definieren, die zum Ziel haben, eine Welt in Balance sicherzustellen. Damit überschreitet der Staat nicht seine Grenzen, sondern erfüllt seine ihm zugehörige Kernaufgabe. Wie die Grenzen neu ausgelotet werden könnten, sei in der Folge erörtert.

Der Aufgabenkatalog des Staates sollte in Zukunft folgende Aspekte umfassen:

Sozialpolitische Rahmenbedingungen

- Verabschiedung vom einseitigen Wachstumsdiktat
- Weiterentwicklung des Verhältnisses von Staat, Wirtschaft und Zivilgesellschaft als gemeinsamer Verantwortungsverbund
- Stärkung der Aufmerksamkeit für Bürgerarbeit und zivilgesellschaftliches Engagement, Schaffung von Anreizen, Ausbau von Kooperationen mit der Wirtschaft
- Reform der Beziehung zwischen Staat und freier Wohlfahrtspflege

Rechtliche Rahmenbedingungen

- Stärkere wohlfahrtsökonomische Ausrichtung
- Vereinfachung von Gründungsanforderungen für mehr Unternehmertum

- Öffnung der Märkte für soziale Dienstleistungen durch Reform des Leistungserbringungs- und -vergaberechtes
- Unternehmen, die staatliche Unterstützung erhalten, sind der Öffentlichkeit Rechenschaft schuldig; auch erhält der Staat im Gegenzug Rechte (möglicherweise analog Unternehmensanteile)
- Klare Verpflichtung der Unternehmen zur Risikobewertung sowie zur Haftpflicht von (Top-)Managern
- Abschaffung der Veröffentlichung von Quartalsberichten
- Schaffung von Vorschriften für die Pensionskassen, nur in Bereichen ihr Geld anzulegen, die die Kriterien des Global Compact erfüllen

Staatliche Förderungsstrukturen

- Mehr Verteilungsgerechtigkeit in der Besteuerung durch Berücksichtigung externer Effekte
- Förderung zivilgesellschaftlichen Engagements
- Förderung von lang- statt kurzfristigen Unternehmensaktivitäten

Kapitalmarktmitgestaltung

- Berücksichtigung der sozialen Rendite in der Gewinndarstellung der Unternehmen
- Ausbau/Förderung des Angebots an sozial verantwortlichen Anlagemöglichkeiten
- Aufbau/Förderung eines sozialen Kapitalmarktes

Neue Bildungsthemen

- Stärkung der Persönlichkeitsbildung zusätzlich zur fachlichen Wissensvermittlung
- Stärkung von Kreativität, Eigenständigkeit, Selbstständigkeit in der Erziehung und systematische Verankerung dieser Lernziele in den Lehrplänen
- Verstärkung des Praxisbezugs in den Lehrplänen

Angepasste Werte und Normen

- Förderung einer Kultur der Selbstständigkeit
- Schaffung eines positiven Unternehmerleitbildes
- Verstärkte Forderung nach sozialem Engagement auch seitens der Unternehmer bei der Einstellung von neuen Mitarbeitern und innerhalb der bestehenden Belegschaften
- Verstärkte, auch materielle, Anerkennung von sozialem Engagement
- Erziehung von Kindern und Erwachsenen zu sozialer Verantwortung
- Etablierung neuer Gradmesser für Wohlstand und Fortschritt jenseits von BSP oder BIP

II.7 Diverse Unternehmensmodelle in Betracht ziehen

Die Herausforderung besteht darin, alternative Unternehmensformen zu etablieren, die sowohl unbezahlte Arbeit aufwerten als auch eine geschlechtsunabhängige, gerechtere Verteilung von bezahlter Erwerbsarbeit ermöglichen.

Stiftungen

Der Schweizer Wirtschaftswissenschaftler Hans Binswanger sieht in Unternehmensformen wie Stiftungen intelligentere Eigentumsmodelle. Stiftungen sind nicht auf Dividendenausschüttung ausgerichtet, sondern auf die Verwirklichung des vom Stifter festgelegten Zwecks. Sie neigen weniger dazu, dem schnellen Geld nachzujagen, da sie keinen Gewinnmaximierungsdruck haben. Dies ermöglicht es ihnen, die allgemeine Wachstumsspirale zu verlangsamen und das Wirtschaftswachstum auf einem sozialverträglichen Niveau zu halten. Jedoch sind auch Stiftungen nicht immun gegen wirtschaftskriminelle Aktivitäten und bergen das Risiko einer zunehmenden Eigenmächtigkeit des Managements.

Mitarbeitergesellschaften

Ota Šik, der Architekt der Wirtschaftsreformen während des Prager Frühlings, befasste sich mit dem Konzept der Mitarbeitergesellschaften, in denen das Kapital allein den Arbeitnehmern gehört. In seinem Modell sind die Mitarbeiter sowohl am Gewinn als auch an der Organisationsgestaltung beteiligt. Dieses Konzept zielt darauf ab, die Bürger intensiver in die Wirtschaftspolitik einzubinden, getreu dem Motto „Wirtschaft, das sind wir alle".

Social Entrepreneurship und Social Enterprises

Die International Labour Organisation (ILO) der Vereinten Nationen betont die Bedeutung von Unternehmern für die Schaffung von Arbeitsplätzen. Es sei jedoch wichtig, unser Verständnis von Unternehmertum und Unternehmen zu erweitern. Wir sollten uns nicht nur auf Gewinnerzielung konzentrieren, sondern auch auf die Schaffung von Werten. Neue Arbeitsformen können entstehen, wenn wir unsere Sichtweise auf Arbeit und Unternehmen verändern und uns alternativen Arbeitsformen und nachhaltigem Wachstum zuwenden. Es ist essenziell, Menschen zu ermutigen, sich für neue Formen des Engagements und Unternehmertums einzusetzen und dabei Solidarität in ihrem Umfeld zu fördern. Solidarität und Gerechtigkeit benötigen Überschaubarkeit; Menschen befolgen Regeln des Zusammenlebens, wenn sie ein Gefühl der Zusammengehörigkeit empfinden. Ein reiner Wettbewerbsfokus kann die Gesellschaftsstruktur schwächen und sie anfälliger für Konflikte machen.

Social Enterprises stellen eine innovative Mischform dar, die sich neben Non-Profit-Organisationen und klassischen gewinnorientierten Unternehmensmodellen etabliert. Ihr Ziel ist es, durch unternehmerische Mittel gesellschaftliche und ökologische Werte zu schaffen und soziale Probleme unternehmerisch zu adressieren. Dabei wird nicht nur der ökonomische, sondern auch der soziale Gewinn berücksichtigt. Ein wesentlicher Unterschied zu traditionellen Unternehmensformen besteht darin, dass bei Social Enterprises keine oder nur minimale Dividenden ausgezahlt werden, wodurch die Substanz im Unternehmen erhalten bleibt. So wird die Unternehmensführung nachhaltiger und ist nicht auf kurzfristige renditeorientierte Vorgaben fixiert.

In diesem Kontext wird ehrenamtliche Tätigkeit nicht mehr ausschließlich als solche betrachtet, sondern erhält eine bezahlte Komponente.

Der Friedensnobelpreisträger Muhammad Yunus ist ein leidenschaftlicher Befürworter dieser neuen Welle sozialer Unternehmen. Seine Gründung der Grameen Bank und die Entwicklung der Mikrokredit-Idee sind bahnbrechend und weisen den Weg. Sie demonstrieren eindrucksvoll, dass Ökonomie, soziale Verantwortung und das Gemeinwohl sich nicht gegenseitig ausschließen. Es geht darum, die falsche Annahme zu widerlegen, dass der einzige Geschäftsanreiz in der Gewinnmaximierung liegt. Stattdessen sollte das Ziel sein, soziale Leistungen zu erbringen, die den größtmöglichen Nutzen für den Menschen haben.

Seit den 1990er-Jahren setzt sich zunehmend die Erkenntnis durch, dass Ökonomie und Ökologie sich nicht widersprechen, sondern vielmehr unternehmerisches Potenzial bieten. In einem weiteren Schritt muss erkannt werden, dass dies ebenso für das Verhältnis von Ökonomie und Sozialem gilt. Ziel ist es, Unternehmertum und wirtschaftliche Kompetenz für den sozialen Ausgleich zu nutzen. In der Berliner Erklärung des Genesis Institute vom November 2008 wird folgerichtig ein „New Deal for Social Business“ gefordert. Ähnlich wie finanzielle Unterstützungen für Finanzinstitutionen und Unternehmen anderer Branchen bereitgestellt werden, bedarf es auch der Förderung sozialer Innovationen. Dies würde die Grundlage für einen nachhaltigen Wirtschaftsaufschwung schaffen, der sozialen Ausgleich und Teilhabe bisher marginalisierter Bevölkerungsgruppen ermöglicht. Im Sinne des Genesis Institute wird die Überwindung der Armut als Wachstumsmotor gesehen. Die Wirtschaft leistet somit einen systemimmanenten Beitrag zur Lebensdienlichkeit und für eine humanere Welt.

Weizenkorn, ein Leuchtfeuer des Social Entrepreneurship

Ich möchte an dieser Stelle aus meinem eigenen Leben von einem Beispiel für Social Entrepreneurship zur Ermutigung all derer berichten, die die Zukunft, wie beschrieben, zwar mitgestalten wollen, aber sich als Normalbürger überfordert fühlen, Veränderungen unserer Arbeitswelt mutig anzugehen und mitzugestalten. Effektive Veränderungen geschehen nicht durch kluge Konzepte allein, sondern in erster Linie durch Menschen, die existenziell erfasst sind von der Notwendigkeit ihrer Mission und bereit sind, dafür jedes Opfer zu erbringen. Veränderungen in unserer Arbeitsgesellschaft können durch jeden bewirkt werden.

Als mittelloser Student verbrachte ich mit einem Freund 1977 die Ferien in Spanien. Wir saßen in Cadaqués unterhalb des Hauses von Salvador Dalí am Strand, ausgerüstet mit einem großen Malblock, und begannen, die berufliche Zukunft, die wir erträumten, aufzumalen.

Wir malten inmitten unserer Heimatstadt Basel ein großes Dorf mit all unseren Wünschen. In der Mitte eine große Kirche, die regelmäßig mit tausend Besuchern gefüllt sein sollte. Wir überlegten uns, dass wir so viele Leute als Unterstützer brauchen würden für die Verwirklichung all der anderen Projekte, die wir unserem Gemälde noch zufügten: ein großes Jugendzentrum mit Kino, Restaurant, Theater und Beratungsräumen, eine Holzspielzeugfabrik, viele handwerkliche Ateliers, diverse Werkstätten, Wohngemeinschaften, ein Kaufhaus und vieles mehr. Als wir unser Dorf in der Stadt fertig gemalt hatten, fassten wir den Entschluss, das alles gemeinsam zu verwirklichen, und fuhren mit knapp gefülltem Tank in einem kleinen Renault R4 zurück nach Basel, um bereits am nächsten Tag mit dem Aufbau unseres Dorfes zu beginnen – völlig mittellos. 15 Jahre haben wir daran gearbeitet, bis alles nach unserem Bilde erfüllt war. Nicht unsere Fachkenntnisse haben uns zum Ziel geführt, sondern unsere Beharrlichkeit und unsere Begeisterung, das Richtige zu tun.

Es konnten in diesen Jahren Hunderte junger Menschen, die abseits der Gesellschaft standen, in ein gutes Leben integriert werden. Heute, mehr als 40 Jahre später, nach vielen Wandlungen und Umbenennungen, arbeiten in dieser Organisation mit Betreuern und Betreuten etwa 900 Menschen. Es handelt sich bis heute um eines der größten Sozialunternehmen im Raum Basel.

In der Welt des Social Entrepreneurship gibt es zahlreiche inspirierende Beispiele, die zeigen, wie unternehmerisches Handeln und soziale Verantwortung erfolgreich miteinander verknüpft werden können. Eines dieser herausragenden Beispiele ist die Stiftung Weizenkorn in der Schweiz, die seit ihrer Gründung im Jahr 1979 einen bedeutenden Beitrag zur sozialen und beruflichen Integration von Menschen mit Unterstützungsbedarf leistet.

Die Gründungsgeschichte des Weizenkorns ist eng verknüpft mit Robert Roth und Johannes Czwalina, einem der Autoren dieses Buches. Ihr Engagement und ihre Vision haben maßgeblich dazu beigetragen, dass das Weizenkorn heute als ein Vorzeigemodell im Bereich des Social Entrepreneurship gilt. Ihr Engagement unterstreicht die Bedeutung von sich aktiv einsetzenden Persönlichkeiten in der Entwicklung sozialer Unternehmen.

Das Weizenkorn zeichnet sich durch seine besondere Unternehmensphilosophie aus. Im Zentrum stehen junge Frauen und Männer, die aufgrund verschiedener Herausforderungen besondere Unterstützung im Arbeitsleben benötigen. Das Unternehmen bietet ihnen nicht nur Arbeit, sondern auch einen Raum, in dem sie Wertschätzung und Anerkennung erfahren. Diese integrative Arbeitsumgebung trägt wesentlich dazu bei, das Selbstwertgefühl der Mitarbeiter zu stärken und ihre sozialen sowie beruflichen Kompetenzen zu fördern.

Mit über 300 Menschen, die in einem begleiteten Arbeitsverhältnis stehen oder eine Ausbildung absolvieren, leistet das Weizenkorn einen beachtlichen Beitrag zur sozialen Inklusion. Die Arbeitsbereiche sind vielfältig und reichen von der Holzwerkstatt über das Kerzenatelier bis hin zu Gastronomie und Hotellerie.

Diese Diversität ermöglicht es den Mitarbeitern, ihre individuellen Fähigkeiten und Interessen zu entdecken und weiterzuentwickeln.

Ein wesentlicher Aspekt der Arbeit im Weizenkorn ist die professionelle Begleitung durch den internen Sozialdienst und ein Team von 80 Mitgliedern. Diese Begleitung zielt darauf ab, die bestehenden Kompetenzen der Mitarbeiter zu stärken und ihre Chancen auf eine Vermittlung in die freie Wirtschaft zu verbessern. Dieser Ansatz unterstreicht die nachhaltige Ausrichtung des Weizenkorns: Es geht nicht nur darum, einen temporären Arbeitsplatz zu bieten, sondern die Mitarbeiter langfristig in die Gesellschaft und den Arbeitsmarkt zu integrieren.

Die Anerkennung des Weizenkorns durch Bund und Kanton als Geschützte Werkstatt und als Anbieter für berufliche Abklärungen bekräftigt die Bedeutung und den Erfolg dieses sozialen Unternehmens. Seit über vier Jahrzehnten steht das Weizenkorn (in der Anfangszeit Alban Arbeit) für eine erfolgreiche Verbindung von sozialer Verantwortung und unternehmerischem Handeln – als Beispiel dafür, wie Social Entrepreneurship in der Praxis funktionieren kann.

In einer Zeit, in der die Bedeutung sozialer und nachhaltiger Unternehmensführung zunehmend in den Fokus rückt, bietet das Weizenkorn wertvolle Einsichten und Inspiration. Es zeigt eindrucksvoll, wie durch Engagement, Innovation und soziale Verantwortung ein Umfeld geschaffen werden kann, in dem Menschen mit Unterstützungsbedarf nicht nur Arbeit, sondern auch Anerkennung und Perspektiven finden. Das Weizenkorn ist somit mehr als nur ein Unternehmen – es ist ein Symbol für die Kraft und das Potenzial des Social Entrepreneurship.

Förderung bürgerlicher Initiativen

Das Gemeinwesen bietet das Potenzial für Millionen von Arbeitsplätzen. Wir stehen am Beginn einer neuen Epoche, in der wieder die private, freiwillige Initiative – eine Art Pionier-

Tab. 4: Kontinuum neuer Arbeitsformen[41]

	Non-Profit	Kontinuum von Mischformen	Profit
Philosophie, Ziele	Gemeinwohl Getrieben durch Mission Soziale Werte	Verbindung von Mission und Markt Verbindung sozialer und ökonomischer Werte	Eigennutz Getrieben durch Markt Ökonomische Werte
Kapital, Rendite	Spenden und Subventionen	Kostendeckung, schwarze Null Kapital unter Marktzins (minimale Verzinsung) oder Mischformen	Kapital zum Marktzins Maximale Verzinsung
Preisbildung	Gratisvertrieb	Subventionierte Preise oder zu Selbstkosten Gemischte Preismodelle	Preisdefinition durch Angebot und Nachfrage
Mitarbeiter	Ehrenamtliche, Freiwillige	Vergütung unter Marktkonditionen Mix aus ehrenamtlicher Arbeit und marktüblicher Vergütung	Marktübliche Vergütung Einkommensmaximierung
Zulieferer, Partner	Sachspenden, Pro-Bono-Leistungen	Sonderrabatte oder Mix aus Spenden und Marktpreisen	Lieferung zu Marktpreisen

geist – gefragt sein wird, welche unter schwierigsten Rahmenbedingungen altruistische Initiativen ins Leben rufen kann. Welches Verständnis von gesellschaftlicher Verantwortung brauchen wir, um zukunftsfähig zu sein? Welche Lebensentwürfe sind dienlich für eine bessere Welt?

Antworten auf diese Fragen bedürfen einer gesteigerten Mobilisierung freiwilliger Initiativen zur Förderung neuer Segmente der Arbeit, denn die selbstverständlich gewordene Abwälzung der sozialen Verantwortung auf den Staat wird mehr und mehr unter Druck geraten. Wir müssen uns künftig an viele Themen heranwagen: Wie kann die Familie gezielt mit mehr familienfreundlichen Angeboten gefördert werden, da sie marktpolitisch von unbestrittenem Wert ist? Wie kann man Steuererleichterungen für diejenigen erwirken, die sich öffentlich und freiwillig engagieren? Welche Möglichkeiten gibt es in Zukunft, Eigenarbeit (selbst verrichtete Arbeit), Nachbarschaftshilfe, Bürgerarbeit, Formen der Tauschgesellschaft als Einkommensquellen aufzuwerten? Wie muss das System der Sozialversicherungen umgestaltet werden, wenn die Voraussetzungen eines normalen Erwerbslebens nicht mehr gegeben sind? Wie kann die Schaffung einer Wahlmöglichkeit für Arbeitslose zwischen Arbeitslosigkeit und der freiwilligen Mitgestaltung an der zivilen Gesellschaft konkret umgesetzt werden?

Wenn derartige Überlegungen die Gesellschaft beleben, könnte der so angestoßene Prozess – konsequent zu Ende gedacht – auf die Überwindung der Arbeitslosigkeit hinauslaufen. Diejenigen, die sich freiwillig engagieren, sind demnach keine Arbeitslosen mehr, sondern aktive Bürger, die sich für das Allgemeinwohl einsetzen und im Gegenzug eine Grundsicherung erhalten. Die Zufriedenheit vieler Menschen würde wieder zunehmen, wenn sie sich über unser Gemeinwesen mehr Gedanken machen und ihre Einstellung gegenüber Einsamen, Alten, Bedürftigen, Armen, Hilflosen und Jungen, die ihren Weg nicht finden, überdenken würden. Das Engagement für das Gemeinwohl kann aber nicht diktiert werden, sondern muss immer freiwillig vom Einzelnen ausgehen.

Die meisten bedeutenden sozialen Einrichtungen in den vergangenen Jahrhunderten sind aus privaten Initiativen entstanden. Dabei waren es immer einzelne Personen, die leidenschaftlich einer Vision gefolgt sind und Unglaubliches bewegt haben: Bildungsstätten, Waisenhäuser, Krankenhäuser, Behinderteneinrichtungen oder Sanatorien. Es waren unter anderem die vielen kirchlichen Gruppen, die freiwillig ihren Lebensstandard reduziert haben, um anderen Menschen zu helfen. Es waren auch viele Unternehmer dabei, die ihre Unternehmen aus sozialer Motivation heraus aufgebaut hatten.

Mit der Etablierung der sozialen Marktwirtschaft fiel diese Aufgabe in den Zuständigkeitsbereich des Staates, was sich heute immer wieder als fehlerhaft erweist. Im Gesundheitswesen, in den Kitas, in den Altenheimen und in den Schulen fehlen dringend benötigte Mitarbeiter. Sanatorien, Krankenhäuser und Arztpraxen müssen schließen, da sie mit den verfügbaren Mitteln eines durch die soziale Marktwirtschaft geprägten Staates nicht mehr getragen werden können. Deshalb müssen wir uns wieder mit der Frage beschäftigen, welche Bedeutung in Zukunft Privatinitiativen und persönliche Opferbereitschaft haben und welchen Beitrag jeder Einzelne leisten kann. Welche Brücke verbindet uns als „Nochbesitzer" von Arbeit und Bildung mit denen, die diese Privilegien nicht (mehr) haben? Die Fragen, die Verantwortungsträger vor hundert und mehr Jahren umtrieben, kommen wieder neu auf uns zu.

III Das Persönlichkeitsprofil für eine würdevolle Zukunft der Arbeit

Hoffnung ist nicht die Überzeugung, dass etwas gut ausgeht,
sondern die Gewissheit, dass etwas Sinn macht,
egal, wie es ausgeht.

Václav Havel (Schriftsteller und Politiker, 1936–2011)

Um als Unternehmer die sich überschlagenden Entwicklungen auf dem Arbeitsmarkt nicht einfach hinzunehmen, sondern nach neuen Gestaltungsfreiräumen zu suchen, bedarf es einer besonders gefestigten Persönlichkeitsstruktur. Diese entsteht jedoch nicht von allein. Daher wenden wir uns im dritten Teil des Buches nun dem Schlüsselthema zu: dem erforderlichen Persönlichkeitsprofil von Führungskräften in den Unternehmen von morgen.

Wir betrachten die persönliche charakterliche Ausrüstung gemäß dem Leitsatz, dass alle nachhaltigen Veränderungen von innen nach außen geschehen. Das ist eine zwingende Voraussetzung dafür, dass ein gesellschaftliches Umdenken in Bezug auf die Würde der Arbeit gelingen kann. Im Folgenden wollen wir uns sehr persönlich fragen, welche Entwicklungsschritte ein Mensch durchlaufen muss, um als einzelne Persönlichkeit den Wandel nicht nur zu verkraften, sondern proaktiv vorantreiben zu können.

Wie entwickeln sich solche Menschen, die wir für die Arbeitswelt von morgen brauchen? Wer oder was gibt uns die Kraft und die Motivation, uns gegebenenfalls radikal zu verändern? Woher leiten wir die Veränderungsbereitschaft in unserem Denken und in unserer Persönlichkeit ab? Woher holen wir die innere Stärke und Souveränität, uns diesen Herausforderungen zu stellen? Welchem Geist erlauben wir also, in unseren Gehirnen das Sagen zu haben? Wie können wir heute und in der künftigen, sich permanent verändernden Arbeitswelt ein Leben führen, bei dem sich Sinnerfüllung, Lebensqualität und Erfolg nicht gegenseitig ausschließen?

Lassen Sie uns im Folgenden konkrete Wege zur persönlichen Beantwortung dieser Fragen entwickeln und diesen Weg Schritt für Schritt gemeinsam gehen.

Tab. 5: Persönliche Voraussetzungen für eine Erneuerung des Arbeitsmarktes

Kernfragen	Kernthesen
Wie kann der Mensch mit der neuen Dynamik und dem Anforderungsdruck der neuen Arbeitswelt umgehen lernen?	Arbeit an der eigenen Person ist der zentrale Schlüssel für privaten und beruflichen Erfolg. Werte dienen als Orientierungsrahmen für die benötigte Haltung und das notwendige Denken und Handeln.
Wie kann man dem Diktat des Marktes entkommen – ohne auszusteigen? Können wir uns davon befreien?	Nur ein bewusst gestaltetes und selbstbestimmtes Leben führt zu innerer Zufriedenheit und Balance.
Welchen Anstoß bedarf es, um sich und/oder seine Situation verändern zu wollen? Was braucht es, um Veränderungen anzugehen?	Persönliche Betroffenheit ist die Grundvoraussetzung für die Bereitschaft, sich zu verändern. Bisweilen sind Krisen notwendig zur Umkehr. Persönliche Neuorientierung und Veränderung gehen immer gesellschaftlichen Veränderungen voran.

→

Kernfragen	Kernthesen
Woher soll man die Kraft nehmen für die notwendigen Anpassungen, die uns die künftige Arbeitswelt abverlangt?	Widerstände sind nur über die Beantwortung der Frage nach dem Sinn des eigenen Tuns zu bewältigen. Sinnfindung beginnt mit dem Wiederentdecken kindlicher Neugier für Fragen des Woher, Wofür und Wohin. Sinn ist die Grundlage für Motivation, Leistung und das eigene Wohlergehen. Sinn führt zur Lebensaufgabe, die mehr ist als nur ein Job. Authentisch zu leben heißt dabei, im Einklang mit den eigenen Werten zu leben. So werden Belastungen ertragbar.
Welche Lebensentwürfe können neue Perspektiven bieten?	Individuelle Lebenskonzepte dienen als Kompass bei der Dynamik der Umfeldveränderungen. Werte konsequent zu leben heißt auch, bestimmte Dinge nicht zu tun oder Verzicht zu üben. Entscheidend ist, Verantwortung zu übernehmen für sich und andere.
Wie kann man sich verändern? Wie seine Haltung, das eigene Denken und Handeln verändern? Wie konkret seinem eigenen Lebensentwurf nachgehen?	Charakter kann und muss geschult werden. Charakterveränderungen beginnen nicht bei den Umständen, sondern bei jedem Einzelnen. Startpunkt ist die Selbsterkenntnis. Der zweite Schritt heißt dann, Verantwortung für sich und andere zu übernehmen. So wird man Gestalter des eigenen Lebens und kein Opfer der Umstände, sodass man Grenzen setzen und Standpunkte beziehen kann. Wir sind es, die über unsere eigene Haltung entscheiden und über den Weg, den wir wählen.

In meiner langjährigen Beratungspraxis für Führungskräfte habe ich die Erkenntnis gewonnen, dass kluge und professionelle Konzepte sehr oft nicht realisiert werden können, weil diese schlussendlich an einem unzureichenden Persönlichkeitsprofil ihrer Umsetzer scheitern. Ein ehemaliges Vorstandsmitglied eines Automobilkonzerns sagte einmal zu mir: „Wir haben durch geniale Konzepte Milliarden verdient und danach aufgrund fehlender Personalkompetenz alles wieder verloren." Daran erkennt man, dass wir uns gerne von vermeintlich genialen Konzepten und charismatischen Persönlichkeiten blenden lassen. Die mangelhafte Umsetzung aber liegt nicht etwa an fehlender Intelligenz, sondern an fehlenden Charaktereigenschaften.

Während des Schreibens an diesem Buch kam mir die deprimierende Erkenntnis, dass nahezu täglich viele aussagekräftige Bücher und Studien auf den Markt geworfen werden, aber gesellschaftlich kaum etwas verändern. Gibt es überhaupt noch Auslöser, die die Bereitschaft zu nachhaltigen Veränderungen bewirken können? Nur wer bei sich persönlich anfängt, bewirkt Veränderungen! Aber wer ist schon bereit, bei sich persönlich anzufangen, indem er den eigenen eingefleischten Egoismus auf den Prüfstand stellt? Wenn wir das Leben von historischen Persönlichkeiten unter die Lupe nehmen, die in der Lage waren, Umstände nachhaltig zum Positiven zu verändern, dann waren es immer Menschen, die sich zunächst selbst erschüttern ließen und ihre Mission danach unerschütterlich durchsetzten. Erst nach einer radikalen Zäsur im eigenen Leben, die oft durch ein persönliches Betroffensein ausgelöst wurde, gewannen diese Menschen das erforderliche Durchhaltevermögen, um anspruchsvollste Projekte zu planen und zu meistern.

Meine Neugierde hat mich vor einigen Jahren auf die Suche nach den wenigen Menschen geschickt, die in Bezug auf durchschlagende gesellschaftliche Veränderungen Großes geleistet haben. Ich habe sie weltweit in dem Bemühen aufgesucht, die Persönlichkeitsmerkmale herauszufinden, die sie jeweils dazu befähigt haben, Erstaunliches zu leisten und in ihrer Mission durchzuhalten. Das Geheimnis ihres Erfolges lag in einem bestimmten Persönlichkeitsmerkmal, nämlich der Bereitschaft, eine Lebensaufgabe zu finden und diese zu erfüllen. Dabei möchte ich nochmals betonen, dass alle noch so genialen Konzepte zum Scheitern verurteilt sind, wenn diese nicht durch gefestigte Persönlichkeiten initiiert werden, die sich verändern lassen, bevor sie selbst für Veränderungen einstehen. Nicht die genialen Konzepte, sondern die Persönlichkeit einzelner Menschen kann unseren Arbeitsmarkt verändern. Unsere Arbeitswelt ist overmanaged but underleaded. Alle noch so klugen Konzepte helfen nichts, wenn die Veränderungsbereitschaft nicht beim Einzelnen ihren tiefgreifenden Anfang nimmt. Ich fragte mich in den Begegnungen mit den herausstehenden beeindruckenden Persönlichkeiten immer wieder, was denn genau der Auslöser war, der diese Unerschütterlichkeit und Beharrlichkeit ihrer Mission ausmacht. Beinahe durch Zufall entdeckte ich, dass diese Menschen vor ihrem effizienten Wirken alle einen Moment der Berührung erlebten, in dem sie die Wirklichkeit unerwartet mit anderen Augen betrachteten. Die alten Griechen nannten diesen Moment der Erkenntnis Heureka-Moment oder auch *Kairós*. Wie ein roter Faden zieht sich dieser alles entscheidende Moment durch die Biografien dieser besonderen Menschen. Unerwartet eröffnete sich ihnen durch dieses Schlüsselerlebnis eine neue und veränderte Betrachtungsweise der Wirklichkeit. Von diesem Moment an lebten diese Menschen zwar immer noch in derselben Welt, nahmen diese aber mit anderen Augen wahr. Es war, als hätten sie eine unsichtbare Schwelle überschritten, die ihren Beruf zur Berufung und ihren Job zur Lebensaufgabe werden ließ. Diese Menschen konnten sich danach mit vollem Einsatz und aus tiefster Überzeugung der Aufgabe widmen. Einige gingen sogar so weit, ihr Leben aufs Spiel zu setzen. Sie waren bereit, um ihres Zieles willen auf vieles von dem zu verzichten, was anderen für ein gelungenes und angenehmes Leben unverzichtbar erscheint.

Solche Momente der Berührung können nicht eingefordert werden. Sie sind weder auf methodischem Wege noch durch persönliche Anstrengung erreichbar. Es sind diese gezählten Momente, in denen sich ein Vorhang öffnet und plötzlich klar erkennbar wird, was wichtig und nachhaltig ist und worin der eigene Lebensauftrag besteht. In alten Legenden und Erzählungen ist bisweilen von Erleuchtung die Rede. Das ist ein Begriff, der nicht so recht in unsere Zeit passen will. Aber wir sagen oft: „Da ist mir ein Licht aufgegangen", wenn sich eine unverhoffte Erkenntnis ergab. Wie immer wir diesen Moment auch bezeichnen, wichtig ist, dass wir ihn ergreifen, wenn er sich zeigt.

III.1 Zwischen Egoismus und gelebter Verantwortung

Dem Charakter und der Rolle der Führungskraft, sei es im Unternehmen oder im öffentlichen Bereich, kommt in Bezug auf die Erneuerung unserer Arbeitswelt ein besonderes Gewicht zu. Er ist es, von dem in Zukunft vieles abhängen wird.

Der wichtigste Schlüssel besteht in einem Gesinnungswandel, der den Menschen von innen nach außen antreibt, seinen Egoismus zu überwinden und den Wert der Zuwendungsfähigkeit wiederzuentdecken. Menschen dieser Art haben in der Weltgeschichte die markantesten Zeichen für Hoffnung und Veränderung gesetzt. Solange unsere Wirtschaft nur Signale sendet, die den Egoismus stärken, wird es kaum einen erkennbaren Wechsel geben.

Zwischen Egoismus und Zuwendungsfähigkeit (Liebe) liegt die eigentliche Demarkationslinie. Würden Werte das Handeln des Menschen bestimmen, würde jeder neben dem Eigenwohl auch das Wohl seines Nächsten und das Gemeinwohl im Herzen tragen, wäre der andauernde Kampf zwischen Ideologien und materialistischen Weltsystemen überwunden.

Die entscheidende Frage lautet: Welche Werte vertreten diejenigen, die die zukünftige Arbeitswelt prägen werden? Die immer weiter auseinanderklaffende Schere zwischen Mächtigen und Ohnmächtigen kann nur von Menschen überwunden werden, deren Wertebasis nicht von Egoismus dominiert ist.

Es gab eine Reihe von Unternehmerpersönlichkeiten in den vergangenen beiden Jahrhunderten, die das soziale Elend um sie herum so tief persönlich bewegte, dass sie unglaubliche Dinge in Bewegung setzen konnten. Beispielsweise das heutzutage teure, immer schwerer finanzierbare Gesundheitswesen wurde vor mehr als 100 Jahren noch weitgehend von Laien getragen, vornehmlich von Sozialverbänden und kirchlichen Kreisen, die sich durch die Opferbereitschaft ihrer Mitglieder finanzierten. Die alten Familienmitglieder wurden vornehmlich zu Hause versorgt und gepflegt, weil es kein Rentensystem, kein staatlich organisiertes Altenpflegesystem gab. Andererseits: Wie viele blutige Revolutionen, die das 20. Jahrhundert erschütterten, hätten verhindert werden können, wenn sich wohlhabende Menschen nicht mit persönlicher Abgestumpftheit an das Elend ihrer mittellosen Nachbarn gewöhnt hätten?

Die gesellschaftliche Neuorientierung beginnt immer bei der persönlichen Neuorientierung der Verantwortungsträger. Ohne ein persönliches Umdenken geschieht kein gesellschaftliches Umdenken und auch die besten Erkenntnisse verwehen im Wind.

III.2 Personale Kompetenz zählt mehr als Managementkompetenz

Grundsätzlich gehört zum Anforderungsprofil eines Managers ein profundes fachliches Wissen. Man verlangt von ihm Leistungsfähigkeit, Entscheidungswillen, Ausdauer, Initiative, Organisationstalent, Zuverlässigkeit und Kontaktfähigkeit. Aber diese Eigenschaften, die Manager und Unternehmer aufweisen müssen, um erfolgreich zu sein, sind nur eine Seite der Medaille. Auf der anderen Seite sind Ausgewogenheit und Ganzheit gefordert. Den Herausforderungen der Zukunft werden der Nur-Techniker, der Nur-Finanzmann, der Nur-Personalchef und der Nur-Manager nicht mehr gerecht.

Die Entscheidung darüber, wer eine Spitzenposition in einem Unternehmen bekleidet, sollte in erster Linie aufgrund des Charakters getroffen werden. Dies verlangt innere Bescheidenheit und verträgt keine Anmaßung. Eine selbstkritische Distanz zur eigenen Person, die den heutzutage überall vorherrschenden Narzissmus ausschließt, ist in besonderem Maße gefordert. Nur wer sich selbst nicht zu wichtig nimmt, kann die gebotene Flexibilität aufbringen. Unternehmerischer Erfolg, und damit das Aufrechterhalten unseres volkswirtschaftlichen Erfolgs, darf nicht mehr allein vom Intelligenzquotienten abhängen, sondern von charakterlicher Integrität. Eine wirkliche Führungsaufgabe wird nicht einfach eine Fortsetzung der bisherigen Tätigkeit auf höherer Ebene sein. Es wird nicht mehr nur um Fertigkeit und Struktur, sondern um Verantwortung gehen.

Natürlich sind schöpferische Gestaltungsfähigkeit, Urteilskraft, Selbstvertrauen, vielseitiges Wissen, Entschlussfreude, Zähigkeit und Robustheit Anforderungen, die man spontan mit der Rolle des Managers assoziiert, aber das werden in der Zukunft nur Voraussetzungen für diesen Beruf sein – sie machen ihn nicht im Kern aus. Bei der Aufzählung der Managereigenschaften handelt es sich um vordergründige Aspekte. Das Unsichtbare und Unwägbare, welches die letztendlich alles entscheidende geistige Haltung konstituiert, wird damit eben nicht erfasst. Die Zukunft wird jenen Unternehmern gehören, die gelernt haben, auf allen Hierarchieebenen eine innovative Leitung zu entwickeln und die mit den erwähnten unsichtbaren Konstanten, den Soft Issues, umzugehen verstehen. Zu den zentralen Erfolgsfaktoren, die sich auf die Gesamtqualität eines Unternehmens auswirken werden, zählt die persönliche Qualität der Führungskräfte im Sinne ihrer ethischen Einstellungen, Motive und des Vertrauens zueinander.

Nur mit dieser Ausrüstung können sie sich den Herausforderungen der zukünftigen Arbeitswelt stellen. Mit dieser wertegebundenen Grundeinstellung sind Führungskräfte in der Lage, strategisch zu denken und wertschätzend mit anderen Menschen umzugehen, ohne sie zu manipulieren. Sie legen keinen Wert auf Statussymbole, sondern auf Aufrichtigkeit, Kompetenz und Wahrhaftigkeit.

„Wie ein Tautropfen entsteht und auch wieder verschwindet, so ist mein Leben, genauso ist auch meine Angelegenheit: Ein Traum im Traum!“ – Der japanische Manager Toyotomi Hideoshi soll bereits 1958 diese persönliche Erkenntnis um die Vergeblichkeit seines Tuns formuliert haben. Die Aussage lässt sich dahingehend verallgemeinern, dass Hideoshi mit den bisherigen Strategien an eine Grenze geraten ist, an der die Herausforderungen der Zukunft sich nicht mehr bewältigen lassen. Diese Grenze, an der sämtliche Mittel, derer Manager sich bedienen können, scheitern, ist inzwischen Realität geworden. Um beim Bild des Tautropfens zu bleiben: Wir sind mit der Herausforderung konfrontiert, dass die Welt von morgen nicht mehr einem Tautropfen gleicht, der in der Morgensonne noch glitzert und bei zunehmender Temperatur kontinuierlich verdampft, sondern dass die Welt, in der wir morgen strategisch operieren werden, eher einem Wassertropfen vergleichbar ist, der auf einer heißen Herdplatte willkürlich umherspringt. Die Strategen von morgen, die in dieser dramatischen Situation ihr Management of Change betreiben müssen, gleichen dann den Molekülen an der Oberfläche solcher Wassertropfen, die jederzeit aus dem Karussell voll unerwarteter Tempiwechsel und Richtungsänderungen herausgeschleudert werden können. Aber was ist die Lösung? Vor uns liegt eine Zeit, in der Planung gemäß bisheriger Managementmethoden immer weniger möglich sein wird. Die Herausforderung der Zukunft besteht darin, dass eine Führungskraft in der Lage sein muss, in einer Zeit zunehmender Komplexität in einer neuen Denk- und Wahrnehmungsweise zu leben, die nicht mehr auf einem Entweder-oder verharrt, sondern die Gleichzeitigkeit eines Sowohl-als-auch ertragen kann. Das können aber nur Führungskräfte, die ihre Mitarbeiter durch natürliche Autorität mit einem eigenen fest gegründeten Wertefundament steuern. Vom Fachvorgesetzten mit Leitungsfunktion geht die Entwicklung hin zum Coach mit Führungsqualitäten. Persönlichkeitsentwicklung wird zum entscheidenden Erfolgsfaktor für Unternehmen und die individuelle Transformation zur Voraussetzung für die Transformation des Unternehmens.[42] Die Schlussfolgerung heißt damit auch, dass die Überlebensfähigkeit von Unternehmen mehr noch als in der Vergangenheit maßgeblich von der geistigen Qualität des Managements und deren Mitarbeitern abhängt.[43]

- *An der Unternehmensspitze* wird der Persönlichkeitstyp des Visionärs und Erneuerers dringend benötigt. Die Zeit des zahlengetriebenen Sanierers läuft ab. Von den CEOs wird erwartet, dass sie mit neuen Ideen Arbeitsplätze sichern und einen Weg in die Zukunft weisen.
- *Im mittleren Management* braucht es Führungskräfte, die dem Wandel gegenüber positiv aufgeschlossen sind und in ihrer

Funktion zur Mobilisierung der Gesamtorganisation beitragen.

- *An der Basis* werden Umsetzer benötigt, die selbst Verantwortung übernehmen, Sinn und Orientierung geben, nicht zurückdelegieren, neue Wege mitgehen, eigene Lösungen finden, auch Einschnitte akzeptieren. Sie müssen in der Lage sein, die sich jeweils bietenden Chancen zu nutzen, nicht nur in Teams oder Abteilungen zu denken und den Wandel im eigenen Mikrokosmos übergreifend mitzugestalten.

Tab. 6: Kompetenzbereiche einer ganzheitlichen Führungskraft

Fachkompetenz (Können und Wissen) Experte	**Management- und Führungsfähigkeiten (Methodenkompetenz) Manager**	**Leadership und soziale Kompetenz (Charakter, Persönlichkeit) Leader**
Arbeitstechnik Lösung von Fachproblemen	Projektmanagement Führungs- und Entscheidungstechniken Richtlinien und Vorschriften methoden- und vorgabenorientiert	Menschenführung Teamfähigkeit offenes, intuitives-, nicht methoden- und vorgabenfixiertes Vorgehen
Präzision	Selbstbewusstsein	Selbstwertgefühl Selbstachtung natürliche Autorität
	Machtbewusstsein	verantwortungsvoller Umgang mit Macht weitgehender Verzicht auf Anwendung von Machtinstrumenten
		aktive und passive Kritikfähigkeit
Allgemeinbildung Begabung Intelligenz Bereitschaft, ständig zu lernen Fachwissen Spezialist Analytisches Denken	unternehmerisches Denken Organisationstalent planerische Fähigkeiten strategisches Denken Abstraktionsvermögen konzeptionelles Denken vernetztes Denken synthetisches Denken innovativ und visionär Blick fürs Wesentliche rationales, emotionsloses Denken	ganzheitliches Denken Akzeptieren emotionaler Wirklichkeiten Werte und Ethik visionär Lauterkeit Vertrauensfähigkeit Glaubwürdigkeit berufliches Vorbild sein Wahrheitsliebe, Ehrlichkeit Offenheit Gewissensbildung Anteilnahme, Wertschätzung Rücksichtnahme Zuwendungsfähigkeit

→

Fachkompetenz (Können und Wissen) Experte	Management- und Führungsfähigkeiten (Methodenkompetenz) Manager	Leadership und soziale Kompetenz (Charakter, Persönlichkeit) Leader
Zeitplan	körperliche und nervliche Belastbarkeit Durchsetzungsfähigkeit	Zivilcourage sinnorientiert unparteilich
	pragmatisches Denken und Träumen ist hinderlich	Visionär „Ich habe einen Traum“
	erfolgsorientiert zielorientiert den kürzesten Weg zum Ziel wählen	passioniert auch bei ausbleibendem Erfolg nicht aufgeben
		um des Zieles willen, Umwege in Kauf nehmen Geduld Beharrlichkeit Resilienz gegenüber verletzenden Angriffen
	Beruf	Berufung intuitiv
–	Ungeduld Durchsetzungsvermögen Überzeugungskraft Kontaktfähigkeit Kommunikationstechnik	Ausdauer und Hartnäckigkeit
	knappe, klare Kommunikation für den perfekten Informationsaustauch	permanente Kommunikationsbereitschaft Fähigkeit, zuhören zu können Empathie
	Behauptung in eigenem und fremdem Umfeld delegieren können informieren können	Einfühlungsvermögen in konträre Positionen Anerkennung und Wertschätzung vermitteln
	Mitarbeiter motivieren und fördern zur fachlichen Problemlösungsfähigkeit	Vorbild Kommunikationsbereitschaft als Haltung Vermittlungsfähigkeit von Werten würdevoller Umgang mit sich selbst und mit seinen Mitarbeitern Mitarbeiter fördern, ohne Angst vor Konkurrenz

→

Fachkompetenz (Können und Wissen) Experte	Management- und Führungsfähigkeiten (Methodenkompetenz) Manager	Leadership und soziale Kompetenz (Charakter, Persönlichkeit) Leader
Disziplin Fleiß Ausdauer	Zielstrebigkeit Beharrlichkeit Zähigkeit Ehrgeiz	innere Ruhe Gelassenheit Souveränität innere Reife Weisheit
	Bereitschaft, fachliche Verantwortung zu übernehmen Verantwortung für Dinge und Geld herrschen und beherrschen	Eigenverantwortung Verantwortung für Menschen Menschenführung
–	Flexibilität Internationalität rationaler, emotionsloser Denker interkulturelles Denken sprachliche Begabung Shareholder Value verpflichtet	Integrität und Loyalität innere Unabhängigkeit Beständigkeit Fairness Verlässlichkeit Urteilskraft Verantwortungsbewusstsein für das Recht anderer versöhnungs- und konsensorientiert kann mit Kritik umgehen authentisch Rücksichtnahme Fähigkeit, Probleme frühzeitig zu erkennen Offenheit, Flexibilität Glaubwürdigkeit strikte Wahrhaftigkeit Verzicht auf Rache Bewusstsein der eigenen Fehlerhaftigkeit Fähigkeit, um Vergebung zu bitten und Vergebung zu gewähren ausgeprägter uneigennütziger Sinn für Gerechtigkeit und das Recht anderer integer
Leistung	Entscheidungsfreude Fähigkeit, Probleme frühzeitig zu erkennen	Unangenehmes aushalten und bewältigen

III.3 Vom Manager zum Leader

Die Charakteristik der Führungskräfte verlagert sich in Zukunft weg von der Rolle des Managers hin zu einer Führungspersönlichkeit im Sinne neuerer Konzepte von Leadership auf sämtlichen Ebenen einer Organisation. Leadership geht weit über Management hinaus. Das klassische Management fokussiert sich auf Fähigkeiten, Wissen und Erfahrung des Mitarbeiters, damit das Unternehmen ein bestmögliches Ergebnis erzielt. Der Manager muss die Effizienz der Mitarbeiter steigern und funktional optimieren, sprich eine Aufgabe mit einem Minimum an zeitlichem, finanziellem, emotionalem und sozialem Aufwand lösen. Der Manager geht inkremental vor und arbeitet mit konzeptionell operationalisierten Methoden und Techniken. Der Leader hat eine Vision von der Zukunft des Unternehmens und richtet die Organisation danach aus. Er definiert Ziele und setzt Prioritäten. Ein guter Leader ist gleichermaßen auf eine personale Optimierung bezüglich Werten, Einstellungen, Interessen und Bedürfnissen von Führenden und Geführten bedacht. Er gibt in einer komplexen Welt Orientierung und verkörpert gelebte Einstellungen und Werte. Ein Leader ist jeder, der andere im positiven Sinne beeinflusst und zu kreativem und initiativem Handeln inspiriert. Er ist möglichkeitsorientiert, er ist auf Beziehungen und Ergebnisse konzentriert statt auf Zeit, Methoden und Zahlen. Leadership bedeutet auch, persönlich Verantwortung zu übernehmen und diese nicht auf Gremien abzuschieben. Der neue Typus des Leaders ist vielmehr Vorbild und Coach seiner Mitarbeiter. Die charakterlichen Eigenschaften stehen für diese Funktion in einer hierarchischen Rangordnung oberhalb der Fach- und Methodenkompetenz.

Managementkompetenz wird weitgehend systematisch vermittelt und ist lernbar, da sie auf etablierten Methoden und Techniken beruht. Leadership-Eigenschaften sind das Resultat aus Anlage, Erziehung, Erfahrung und laufender Selbstreflexion. Leadership beginnt häufig dort, wo der Konsens aufhört. Leadership kommt von innen heraus und hängt von persönlichen Eigenschaften ab.[44] Personale Kompetenz ist die Kompetenz der Zukunft. Sie ist schwieriger zu erlernen als Management- und Fachwissen. Ein Mensch mit personaler Kompetenz ist mit einem hohen Grad von Selbstachtung ausgestattet und zeigt Menschen gegenüber Wertschätzung, Einfühlungsvermögen, Fairness, Offenheit und Toleranz. Im permanenten Spannungsfeld zwischen Karriere und Charakter schlägt sich ein solcher Mensch unbeirrt auf die Seite des Charakters, wenn der Weg zur Karriere den Charakter ausschließt.

Diese Erkenntnis ist für Führungskräfte mit einem mehrheitlich mechanistischen, technokratischen Menschenbild eine besondere Herausforderung.

III.4 Der persönliche Weg zu einem gefestigten Charakter

Eine ermutigende Erfahrung in unserer Beratungstätigkeit ist, dass der Großteil der Personen, denen wir begegnen, die Bereitschaft zu einer tiefer gehenden Bestandsaufnahme signalisiert. Sie realisieren, dass ihr bisheriges Verständnis von Arbeit und ihre Lebensfundamente nicht ausreichen. Eine diesbezügliche Bestandsaufnahme kann schmerzlich sein. Freilich war es bei den wenigsten so, dass sie ganz von sich aus zum Nachdenken geführt wurden. Erst Schicksalsschläge wie eine plötzliche Entlassung, ein unmittelbar auftretender Konflikt am Arbeitsplatz, unüberwindbare Eheprobleme, ein Verkehrsunfall, Krankheit oder ein Rechtsstreit waren bei vielen der Auslöser dafür, dass ein verdrängtes Defizit ans Tageslicht kam und das Bedürfnis entstand, die Lebensfundamente tiefer anzusetzen. Die Voraussetzung für eine positive Veränderung des Charakters liegt zunächst in der Bereitschaft zur Selbsterkenntnis, die zuzulassen Mut erfordert.

Niemand, der sich auf den Weg zu einer gefestigten Persönlichkeit begeben möchte, sollte sich entmutigt fühlen. Viele der notwendigen Eigenschaften schlummern bereits in uns und müssen nur geweckt werden. Viele Menschen zweifeln daran, ob sie ab einem bestimmten Alter überhaupt imstande sind, sich zu verändern. Wenn uns ein neues erstrebenswertes Ziel stark genug fasziniert, sind wir auch in der Lage, mit Eigenschaften zu brechen, die unser Verhalten bisher bestimmten. Im Laufe unseres Lebens hinterlassen Handlungen, Erfahrungen und Erlebnisse – gute wie schlechte – Spuren in unserem Wesen. Sie wirken bisweilen wie tiefe Fahrrinnen, die uns immer wieder in eingefahrene Spuren zurückwerfen. Diese Fahrrinnen sind durch unsere Gewohnheiten entstanden und können durch kontinuierliches bewusstes Handeln überwunden werden. Natürlich erfordert das auch Anstrengung. Die Bildung des Charakters ist ein Weg, eine Entwicklung, die Essenz dessen, was ein Mensch durch eine Vielzahl kleiner Entscheidungen langfristig entwickeln kann. Neue Verhaltensweisen können kultiviert und gefördert werden. Das Ziel muss darin liegen, einen positiven Charakter zu entwickeln, der dazu fähig ist, nach außen hin Hoffnung und Wertschätzung zu verbreiten.

Das Wort „Charakter" ist ursprünglich ein wertneutraler Begriff und beschreibt kennzeichnende Merkmale oder eine dem Menschen eingeprägte, innere Form. Wörtlich aus dem Griechischen übersetzt bedeutet Charakter „das Eingeritzte". Seit dem 17. Jahrhundert wird dieses Merkmal auf das sittliche Verhalten des Menschen übertragen. „Das Eingeritzte" klingt nach unveränderbar. Man sagt, dass der Mensch durch seine Erbanlagen und durch das Umfeld bestimmt wird und dass der Charakter eine Mischung aus beidem sei. Selbst aktuelle Forschungsergebnisse der Neurobiologie gehen von einem Ausgeliefertsein gegenüber biochemischen Reaktionen aus und postulieren nur ein begrenztes Kontingent an Veränderbarkeit des Charakters.

Eine solche biologistische Definition vermittelt den Eindruck, dass der Charakter etwas Unveränderbares sei. Als wären wir ihm ausgeliefert und könnten uns für unser Verhalten damit entschuldigen: „Das ist nun mal mein Charakter, ich kann nichts dafür und muss mich auch nicht verändern." Im Umkehrschluss kann mein Charakter von anderen wie eine unheilbare Krankheit verstanden werden, die mich zum Outsider macht. „Er hat eben einen schlechten Charakter" lautet dann das vernichtende Urteil. Die Substanz des Charakters ist aber nicht so hart, dass man ihn ein Leben lang nicht mehr verändern könnte. Charakter ist eine veränderbare Größe und nicht einfach unser Schicksal, dem wir passiv ausgesetzt sind. Der Charakter ist ein Weg, eine Entwicklung, ein dynamischer Prozess. Charakter ist das, was ein Mensch langfristig ausstrahlt, nicht das, was er bisweilen vorgibt zu sein. Charakter ist der ethische Wert, den wir unseren Entscheidungen und Beziehungen zu anderen beimessen. Der Begriff des Charakters bezieht sich auch auf den langfristigen Aspekt unserer emotionalen Situation. Charakter hat etwas mit Treue und gegenseitigen Verpflichtungen und mit der Verfolgung langfristiger Ziele zu tun.

Gewohnheiten sind die Fenster zu unserem Charakter. Schlechte Gewohnheiten sind oft Ausdruck von Resignation. Positive Einstellungen und Gesinnungen wie Freundlichkeit, Optimismus, Loyalität, Vertrauen, Kritikfähigkeit und Selbstwertschätzung sind allesamt Attribute, die entstehen können, wenn man die Arbeit am Charakter aufnimmt. Leider ist es so, dass die Arbeit am Charakter meistens in der Jugend aufhört und die Menschen danach nur noch nach ihren beruflichen Resultaten beurteilt und abgeurteilt werden, statt ihnen zeitlebens echte Möglichkeiten zur Weiterentwicklung, Wiedergutmachung oder Rehabilitation zu geben.

Charakterveränderungen beginnen bei uns selbst. Veränderungen geschehen von innen nach außen. Ich kann wahrhaftiger, freundlicher, sorgfältiger, kooperativer und interessierter sein, wenn ich aktiv daran arbeite. So kann ich etwa damit beginnen, meine Versprechen zu halten. Ich entscheide mich, auf Rechtfertigungen zu verzichten. Ich entscheide mich, zu verstehen, statt zu richten oder destruktive Dinge zu sagen. Die Arbeit an mir selbst entdecke ich als die wichtigste Art der Einflussnahme auf meinen Charakter.

Den Durchhaltewillen können wir festigen, indem wir uns immer wieder bewusst machen, dass unsere Bereitschaft, Verhaltensmuster zu ändern, uns der Erfüllung unserer eigentlichen Lebensaufgabe näherbringt. So können wir endlich das tun, was wir wirklich tun wollen, anstatt fremdbestimmt zu bleiben. Je näher wir dieser Lebensaufgabe kommen, desto stärker wächst die Motivation, unseren Charakter auf diese Lebensaufgabe hin auszurichten. Schlussendlich bestimmt dann der Charakter unser Handeln und nicht mehr wie bisher unser Handeln den Charakter. Für eine lebenszugewandte Erneuerung unseres Arbeitsmarktes bedarf es Persönlichkeiten, die ihre Arbeit zugleich als Berufung und Mission verstehen. Ihre Wertvorstellungen und Gesinnungen sind ausschlaggebend. Sie geben ihnen in einer immer komplexer werdenden Welt Orientierung und Halt. Nur Menschen, die auch unter schwierigen Umständen an ihren Werten festhalten, können die notwendige Hartnäckigkeit an den Tag legen, die es für die Durchsetzung ihrer Ziele benötigt. Sie folgen nicht einer opportunistischen, leichtfüßigen Zweckethik, sondern einer Rahmenethik, die sich nicht von unerwartet auftretenden ungünstigen Umständen wegspülen lässt. Ihre Beharrlichkeit lässt sie auch dann noch an den persönlichen Werten festhalten, wenn damit Nachteile verbunden sind, selbst wenn es sich dabei um Bedrohung, Verfolgung und Degradierung handelt.

Folgende Beispiele verdeutlichen, dass die Konstellation unserer Arbeitswelt uns geradezu permanent zur Mutlosigkeit und zum Opportunismus verleitet.

Politiker haben oft nicht den Mut, der ökonomisch praktizierten Realität entgegenzutreten, weil sie sich Sympathien nicht verderben möchten.

Auch Wirtschaftsvertreter fühlen sich von der ökonomisch praktizierten Realität abhängig. Sie fragen immer als Erstes nach der Finanzierbarkeit nachhaltiger Ideen. Großkonzerne handeln geldgesteuert und machen sich immer abhängiger von den Gewinnforderungen ihrer Aktionäre. Vertreter von Organisationen der Zivilgesellschaft haben oft Angst, ihre Förderer zu verlieren, und sie kalkulieren, dass die großen Geldgeber lieber kleine Reparaturarbeiten leisten, als notwendige langfristige Veränderungen anzugehen. Kirchenvertreter haben ein ähnliches Problem wie Organisationen der Zivilgesellschaft. Der Geldmangel hält sie oft zurück, mutig ihre Stimme zu erheben, und verleitet sie dazu, nicht selten selbst an der Börse zu spekulieren, um dadurch mehr „Gutes“ tun zu können.

Vertreter von Universitäten und Hochschulen nehmen ebenfalls mehr und mehr die Interessen der Wirtschaft wahr, weil sie sich sonst nicht mehr finanzieren können. Medienvertreter werden nicht selten indirekt von der Wirtschaftslobby kontrolliert, und somit wird die Freiheit der einzelnen Journalisten in der Realität des Alltags beschnitten. Man will beispielsweise nicht auf die gut bezahlte Werbung der großen Unternehmen verzichten, die unter anderem die Gehälter der Journalisten sichern. Wahrheitsgemäße und kritikwürdige Berichterstattung könnte diese verprellen. So sehen wir in der Zusammenfassung aller Faktoren, dass Führungskräfte der Institutionen, die die Türen für einen Durchbruch von Nachhaltigkeit weit öffnen könnten, ihre Einflussmöglichkeiten aus Mutlosigkeit nicht ausschöpfen und so zu Verhinderern werden, weil sie sich alle ihrer Abhängigkeit vom Kapital beugen, das sie vermeintlich am Leben erhält. Ohne die permanente Zivilcourage Einzelner in den Institutionen, trotz aller Zwänge ihre Stimme zu erheben und sich für gesellschaftliche Belange einzusetzen, werden alle zukunftsweisenden Ideen nur schwerlich vorankommen.

In diesem Zusammenhang sei auf die christlichen Tugenden verwiesen, die über viele Jahrhunderte niemals ihre souveräne Gültigkeit eingebüßt haben. Wir finden diese Tugenden eingemeißelt in alten Kirchen. Sie galten in allen Irrungen und Wirrungen der Geschichte, während aller Kriege, in Zeiten der Pestilenz und Seuchen als souveräner Orientierungs- und permanenter Erinnerungsmaßstab für Menschen, die die Pflege ihres Charakters nicht dem Zufall oder den Umständen überlassen wollten. Die christlichen Tugenden gehen auf die zehn Gebote zurück, die dem biblischen Stammvater Mose offenbart wurden und deren christliche Auslegung etwa in den Seligpreisungen der Bergpredigt überliefert ist. Es kommt gemäß diesen

Tugenden nicht nur auf das Tun an, sondern auf die stetige Justierung unserer inneren Haltung. Die drei göttlichen Tugenden stehen im ersten Brief des Apostels Paulus an die Korinther (1 Kor 13,13). Es sind Glaube (lat. *fides*), Hoffnung (lat. *spes*) und Liebe (lat. *caritas*). Nach der Reformation wurden weitere hinzugefügt. Diese seit Jahrhunderten bewährten Gesinnungen reflektieren die Merkmale einer authentischen Führungskraft, die bis heute nicht an Gültigkeit eingebüßt haben. Ein Mensch mit einer so gewachsenen ganzheitlichen Kompetenz verfügt über die Art von Konsensfähigkeit, die wir heute wieder dringend brauchen. In der folgenden Grafik finden wir eine prägnante Zusammenfassung. Indem wir auch die jeweilige Kehrseite der Tugenden benennen, wird deren zeitlose Relevanz und Aktualität nochmals hervorgehoben.

Tab. 7: Positive und negative Eigenschaften

Fides	**Spes**	**Caritas**	**Temperantia**	**Fortitudo**
Glaube Treue Ehrlichkeit Vertrauen Offenheit	Hoffnung Motivation Überzeugung Zuversicht	Zuwendungsfähigkeit positive, soziale Einstellung	Mäßigung Selbstbeherrschung	Entscheidungsstärke Beharrlichkeit unerschütterliche Gewissheit Stärke Mut
Kehrseite:	Kehrseite:	Kehrseite:	Kehrseite:	Kehrseite:
Infidelitas	**Desperatio**	**Invidia**	**Ira, Gula, Luxuria**	**Inconstantia**
Misstrauen Betrug Verrat Untreue	negative Einstellung Pessimismus Verzweiflung	Egoismus Habgier Geiz Neid	mangelnde Beherrschung Schwelgerei Wollust	Unentschiedenheit Wankelmut Unbeständigkeit

→

Justitia	**Humilitas**	**Humanitas**	**Patentia**
Gerechtigkeitssinn Fairness	Demut Geduld	Menschenfreundlichkeit wohlwollend wertschätzend	Geduld Ausharrungsvermögen
Kehrseite:	Kehrseite:	Kehrseite:	Kehrseite:
Injustitia	**Superbia**	**Invidia**	**Ira**
Unfairness Ungerechtigkeit	Hochmut	Neid Eifersucht Missgunst	Zorn, Ungeduld

Zusammenfassend ist unser Charakter das Repertoire der Werte, aus denen wir unsere Entscheidungen treffen und unsere Beziehungen zu anderen gestalten. Er spiegelt unsere Prägungen, Einstellungen und Gesinnungen wider.

Die persönliche Herausforderung besteht darin, die Arbeit am eigenen Charakter als sehr lohnenswert zu entdecken. Ich lerne, meine eingefleischten Reaktionsmuster, die mich immer wieder in retardierende Verhaltensweisen zurückwerfen, zu überwinden, indem ich meine Reize und Stimuli vor meinen Reaktionen der Deutung durch meine Werte unterziehe.

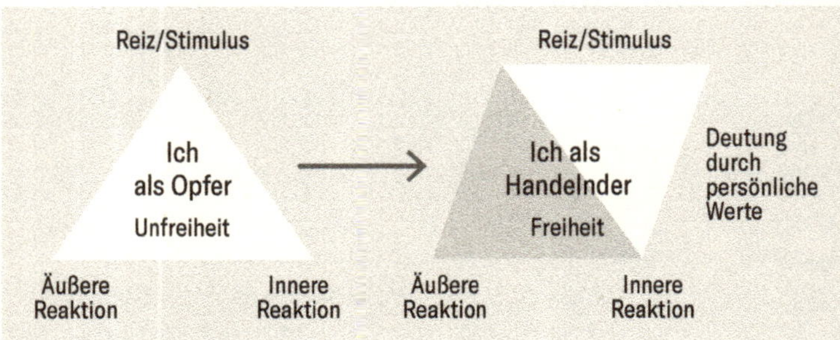

Abb. 2: Reaktionsmuster

III.5 Von der Opferrolle zur Eigenverantwortung

Bisweilen kann eine individuell erstellte, kontinuierlich zu wiederholende Checkliste mit neuen Leitsätzen oder mit selbstkritischen Nachfragen hilfreich sein. Der persönliche Fortschritt auf unserem Weg ist das Resultat kleiner Schritte. Wer mutig ist, die kleinen Schritte zu gehen, findet dann auch den Mut für die großen Schritte.

Ich schaffe neue Leitsätze

Ich löse mich von der Einstellung, dass es sowieso keinen Wert hat.

Ich entscheide mich, auf Rechtfertigungen zu verzichten.

Ich beginne, Versprechen zu halten.

Ich höre auf, destruktive Dinge zu reden.

Ich arbeite an meinem Einflussbereich.

Ich entscheide mich, zu verstehen statt zu richten.

Ich schweige nicht, wenn Rechte verletzt werden.

Ich schweige nicht zu Unrecht, auch wenn mir dadurch Nachteile entstehen.

Ich pflege meinen Gerechtigkeitssinn.

Ich dulde keine Intrigen und Manipulationen in meiner Umgebung.

Meine persönliche Würde ist mir wichtiger als materieller Wohlstand.

Die Ordnung meines „inneren Hauses“ ist mir wichtiger als die Ordnung meines „äußeren Hauses“.

Das Wohlergehen der anderen ist mir nicht gleichgültig.

Ich benenne meine Baustellen

Habe ich ein mich vorwärtstreibendes Nah- und Fernziel, von dessen ideellem Mehrwert für andere ich überzeugt bin?

An welchen Charaktereigenschaften muss ich für dieses Ziel an mir arbeiten?

Habe ich Vorbilder, deren Lebensführung ich als nachahmenswert empfinde?

Kann ich einzelne Eigenschaften dieser Vorbilder benennen?

Erleben andere im Umgang mit mir einen Einklang meiner Person mit meinen Werten und Zielen? Wenn nicht, warum?

Welche Rolle spielt mein Gewissen in meinem Alltag?

Welche mir wichtigen Werte kann ich zurzeit nicht ausleben?

Welche Anpassungszwänge kann ich benennen?

Gibt es Sachzwänge, die mich dazu geführt haben, mein Gewissen zu vernachlässigen?

Habe ich aus Bequemlichkeit oder Feigheit geschwiegen?

Habe ich mich von der Meinung anderer abhängig gemacht?

Gibt es wichtige Themenfelder, denen gegenüber ich abgestumpft bin, während ich zu früheren Zeiten meines Lebens diese viel sensibler empfunden habe?

Tue ich Dinge, die ich eigentlich gar nicht tun will, für Leute, die ich nicht mag?

Gibt es Bereiche, in denen ich gegenwärtig gegen meine tiefste Überzeugung lebe?

Was hindert mich, so zu handeln, wie ich es möchte?

Welche Werte sind für mein Leben bedeutsam und welche Werte möchte ich auch durch Herausforderungen aller Art unbedingt bewahren?

Kann ich für die Wahrheit und für das Recht eines anderen eintreten, auch wenn ich keinen persönlichen Vorteil daraus ziehe oder sogar nur Nachteile?

Kann ich es aushalten, für eine Überzeugung allein einzustehen?

Bin ich vorbereitet ...

... einen Erfolg anzunehmen, ohne überheblich zu werden?

... einen Misserfolg zu erleben, ohne mich entmutigen zu lassen?

... eine Kritik zu ertragen, ohne beleidigt zu sein?

... ungerechtfertigte Verleumdung auf mich zu nehmen?

... eine Wahrheit anzuerkennen, auch wenn sie „meinem System" widerspricht?

... den Verlust meiner Arbeit zu erleben, ohne damit meinen Lebenssinn einzubüßen?

Will ich mehr haben oder mehr sein?

1. *Die Mehrung von Haben.* Im Mittelpunkt meines Bedürfnisses steht dabei die persönliche Vermehrung meines Besitzes und meines Einflusses. Der treibende Faktor ist mein Ego.
2. *Die Mehrung von Sein.* Im Mittelpunkt meines Bedürfnisses steht dabei die Stärkung meiner Authentizität und der Sinn meiner beruflichen Tätigkeit. Der dominierende Faktor ist die Einsicht, dass das Materielle nicht das allein Glückseligmachende im Leben ist.

III.6 Arbeit als Ausdruck von Authentizität

„Wie groß unsere Möglichkeiten sind, verrät unsere Sehnsucht. Wer noch Sehnsucht nach Besserem fühlt, birgt Keime künftiger Meisterschaft in sich. Aber Sehnsucht allein trägt nicht als Ziel; sie ist nur Wegweiser. Gehen musst Du den Weg selbst. Was aus uns selbst entsprungen ist, ist treu und fest, nimmt zu und begleitet uns bis ans Ende."

Seneca (Staatsmann, Philosoph, 1–65 n. Chr.)

Da in der Erwerbsgesellschaft der Sinn der Arbeit über die Bezahlung definiert wird, geraten Menschen mit dem Verlust adäquat bezahlter Arbeit oft in eine tiefe Sinnkrise.

Ein Defizit an Sinnfindung offenbart sich in der Wahrnehmung, dass gerade Menschen, die im Sinne des alten Kapitalismus erfolgreich sind, unter einer Art ungestilltem Hungergefühl nach Erfüllung leiden. Sie tun sich schwer, diesen Zustand in Worte zu fassen. Teilaspekte dieses Hungergefühls sind etwa ein empfundenes Defizit an Liebe, ein Mangel an tiefen Beziehungen, eine fehlende Zukunftsperspektive und die ausbleibende Befriedigung, die sie sich durch das Erreichen ihrer Ziele erhofft haben. Es fällt ihnen auch schwer, mit anderen darüber zu sprechen, denn über diese Sinnleere kann man nicht wie über einen Gegenstand sprechen, da Sinn kein Gegenstand ist, sondern sich auf das Wesenhafte bezieht.

So steht die heutige Führungskraft in einem Spannungsfeld zwischen der bipolaren Forderung nach Exaktheit auf der sachlichen Ebene und dem Diktat der Oberflächlichkeit gegenüber ihren Fragen nach dem Sinn. Dabei haben wir immer wieder beobachtet, dass die Sinnkrise sich weniger auf alltägliche Dinge bezieht, die man noch in den Griff bekommen kann, als vielmehr auf das eigene Leben als Ganzes. Die Führungskraft steht im Spannungsfeld zwischen der Unklarheit und Unverbindlichkeit darüber, welchen Wert die Ordnung des „inneren Hauses“ darstellt angesichts des immer größer werdenden Druckes, das „äußere Haus“ in Ordnung zu halten. Sie steht im Konflikt, weil die berufliche Karriereleiter und die persönliche Einsamkeit parallel anwachsen. Sie sieht sich mit dem Dilemma konfrontiert, sich zunehmend unsicher zu fühlen und einem existenziellen Vakuum ausgesetzt zu sein sowie weder sich selbst noch anderen den fehlenden Mut eingestehen zu können.

Ein Blick auf unsere Kinder, die ihre ursprüngliche Lebenswahrnehmung noch nicht verloren haben, könnte uns den Weg weisen: Während die Suche nach dem Sinn in unserem Arbeitsumfeld immer auf die Frage nach dem kurzfristigen materiellen Nutzen reduziert wird, betrachten Kinder das Ganze aus einem anderen Blickwinkel. Wenn Kinder nach dem Sinn fragen, gehen sie immer auf das Woher, das Wohin, das Wofür und das Warum ein. Welchem Reduktionismus sind wir Erwachsenen im Laufe unseres Lebens zum Opfer gefallen? Die Fragen der Kinder gehen auf eine tiefere Ebene als die Frage nach der Nützlichkeit.

Die Befriedigung unserer äußeren Bedürfnisse deckt durchaus einen Teilaspekt unserer persönlichen Sinnsuche ab. Wenn wir in unserer Betrachtung zunächst einmal von unseren materiellen und sozialen Grundbedürfnissen ausgehen, dann leuchtet uns am ehesten ein, dass der Sinn der Grundbedürfnisse darin besteht, sie zu erfüllen. Jeder Mensch hat in unterschiedlicher Ausprägung das Bedürfnis nach einem guten Beruf, Erfolg, finanzieller und sozialer Sicherheit, Frieden, Freunden, Anerkennung und Erlebnissen, Kleidern und einer schönen Wohnung, Bildung, Zärtlichkeit, Schlaf, Nahrung. Solange der Mensch jung ist und von seiner Jugendlichkeit getragen wird, seine Gesundheit als selbstverständlich ansieht und vor Vitalität strotzt, wird er vielleicht weniger über den Sinn jenseits der Grundbedürfnisse nachdenken. Die Frage stellt sich aber spätestens, wenn es darum geht, auf die Empfindungen von Ermattung, Enttäuschung, Krankheit und Alter eine Antwort zu finden.

Trotz aller gegenteiligen Versprechen seitens der Werbung und der unmittelbaren sozialen Umgebung spüren viele, dass ihr Bedürfnis nach Nachhaltigkeit durch die Befriedigung biologischer und materieller Bedürfnisse allein nicht erfüllt wird, um ihnen für ihr persönliches Schicksal auf dem Arbeitsmarkt genügend Zuversicht zu geben. Machen wir uns Folgendes bewusst: Wenn der Mensch heute, wie zu keiner anderen Zeit zuvor, an der Sinnleere und daraus resultierend an einem Burn-out leidet, so ist dies nicht nur ein psychisches, kulturelles, politisches und soziales, sondern auch ein geistiges Problem. Der Ausweg beginnt dann, wenn der fragende Mensch anerkennt, dass Zufriedenheit mit der eigenen Arbeit nicht nur aus der Befriedigung physischer Bedürfnisse besteht, sondern auch mit existenziellen geistigen Fragen zu tun hat. Insofern ist die Sinnfrage ein Hinweis auf die grundsätzlich notwendige Neuorientierung, die der heutige Mensch zu leisten hat. Auf diesem Weg müssen wir aus unserem Denkkorsett ausbrechen, das uns die materielle Befriedigung unserer Grundbedürfnisse als ultimative Sinnstiftung unseres Lebens vorgaukelt.

Versuchen Sie in der unten dargestellten Abbildung, alle neun Punkte in einem Zug durch nur vier gerade, zusammenhängende Linien zu verbinden: Sie erkennen, dass nur ein Über-

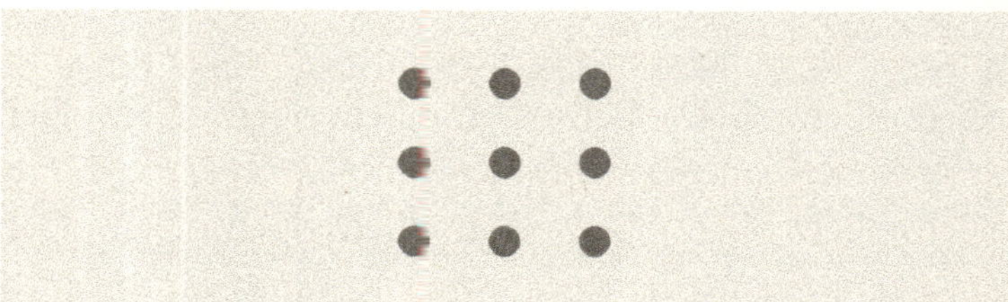

Abb. 3: Eine Denkaufgabe: Außerhalb bestehender Rahmen Lösungen finden

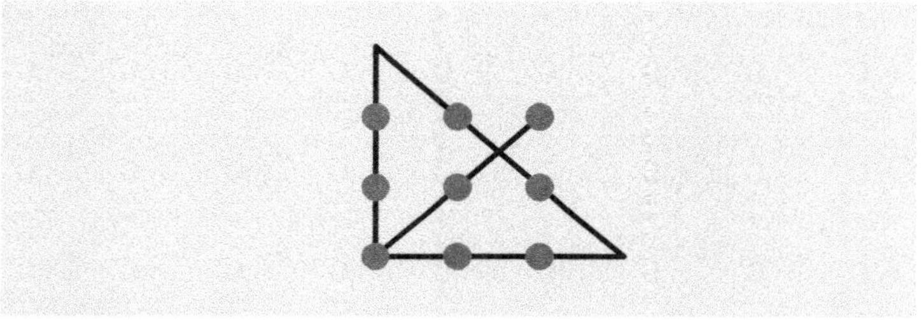

Abb. 4: Auflösung der Denkaufgabe in Abbildung 3

schreiten unserer selbst gesteckten Grenzen uns zur Beantwortung der existenziellen Lebensfragen führt. Wenn wir innerhalb des Rahmens bleiben, scheitern wir. Man muss sich aus dem vorgegebenen Rahmen lösen, um die Aufgabe zu meistern.

III.7 Arbeite ich, damit ich wertvoll bin oder weil ich wertvoll bin?

Krisen machen offenbar, wenn der bisher definierte Rahmen unseres Lebens nicht ausreicht, um unsere Bedürfnisse abzubilden. Krisen sind wichtig, weil sie uns aus der Gefangenschaft zu eng gewordener Denkmodelle befreien können. Oft haben wir in der Beratung festgestellt, dass – retrospektiv betrachtet – das Auftauchen einer Krise wesentlich mehr zu nachhaltigen Veränderungen beitragen kann als deren Ausbleiben.

Die Sinnkrise in der Mitte des Berufslebens entsteht bei den einen, wenn die unmittelbare Bedürfnisbefriedigung nicht mehr gelingt und wenn durch äußere Umstände erreichte Ziele verloren gehen. Bei anderen entsteht sie hingegen, wenn sie ihre Bedürfnisbefriedung erreicht haben, sich aber dennoch Unzufriedenheit und Enttäuschung breitmacht.

Unsere Identität haben wir in unserem bisherigen engen Rahmen von unserer Leistung abgeleitet. Sollte nicht in einem erweiterten Rahmen vielmehr unsere Leistung von unserer Identität abgeleitet werden? Ich arbeite nicht, damit ich wertvoll bin, sondern ich arbeite, weil ich wertvoll bin. Arbeit ist ein Ausdruck meines authentischen Selbstwertes. Die allermeisten leiten ihre Identität allein von ihrer Leistung ab und erleben einen Einbruch ihres Selbstwertgefühls, wenn es mit der Arbeit plötzlich nicht mehr klappt.

Wenn wir verstehen wollen, was uns unabhängig von unserer Leistungskraft, unserer momentanen Nützlichkeit, unserem akademischen Grad, unserem Gesundheitszustand, unserem momentanen Aussehen oder unserem Marktwert in der

Arbeitswelt wertvoll macht, dann führt der Weg in unsere frühe Kindheit zurück. Damals konnten wir uns noch nicht über die Leistung allein definieren. Unser Leben begann an einem geschützten und vertrauten Ort: in den Armen der Eltern. Die bedingungslose Zuwendung der Eltern war die erste und größte Sinnerfüllung, die wir je erleben durften. Ihre Fürsorge signalisierte, dass wir wichtig und wertvoll für sie sind, ohne dafür etwas getan oder geleistet zu haben. Die Zuneigung unserer Eltern war nicht das Ergebnis unserer Anstrengungen, sondern die Ursache und der Ausgangspunkt unserer späteren Leistungen.

Nichts macht dem Menschen mehr Lust auf Leistung und Kreativität als kraftvolle Wertschätzung, derer er sicher sein darf, unabhängig davon, wie leistungsfähig er im Moment ist. Die ersten sinnstiftenden Erfahrungen waren nicht davon abhängig, ob wir eine Leistung erbrachten. Wir hätten uns als Kind unsere Wertschätzung nicht selbst geben können. Wie wichtig und willkommen wir waren, konnten wir uns nicht selbst sagen. Wie groß das Maß an Zuwendung ist, das wir als Menschen von klein auf brauchen, zeigen leider die seelischen Schäden, die sich beispielsweise bei Kindern bemerkbar machen, denen auf dieser Ebene kaum etwas oder nur wenig geschenkt wurde.

Wir verdanken unsere ersten sinnstiftenden Erfahrungen und damit die Grundlagen für unser späteres Suchen nach Sinn und Identität nicht einer Leistung, sondern einer Beziehung. Unsere ersten Sinnerfahrungen mussten wir nicht selbst erwerben, wir bekamen sie geschenkt. Die Motivation zu lernen und später zu leisten nahmen wir aus dem Angenommensein einer Beziehung mit, die nicht vom Leistungsprinzip her bestimmt war. Diese damalige Erfahrung prägte das Grundmuster unserer weiteren Entwicklung: Wirklicher Sinn in der Arbeit, der uns befriedigt und den wir suchen, kann sich nicht aus Leistung speisen. Sinn muss die Ausgangslage für Leistung sein, darf aber nicht die Leistung als Grundlage haben. Diese simple Einsicht kann uns einen Weg in die Zukunft bahnen und eine Leistungsphilosophie vermitteln, die Nachhaltigkeit zum Ziel hat.

In der Leistungsgesellschaft müssen wir uns die Anerkennung erst verdienen. Aber auch die höchste Anerkennung, die wir jetzt erwerben können, wird niemals auch nur andeutungsweise so tief reichen wie die Anerkennung und das Urvertrauen, die wir in unserer frühesten Kindheit geschenkt bekommen haben, ohne etwas dafür leisten zu müssen.

Unsere Identität in der Leistungsgesellschaft bleibt immer eine erarbeitete Identität. Das Selbstbild aber, das wir letztlich im Hinblick auf ein neues Arbeitsverständnis brauchen, um auch langfristig in unserem Leben Freude an Leistung zu haben, ist eine geschenkte Identität, die nicht auf unserem Tun aufbaut, sondern auf unserem Sein. Wie viel brachliegendes Potenzial könnten wir heute durch gelebte Wertschätzung a priori bei denen freilegen, die im beruflichen Abseits stehen! Ist dieser Gedanke Schönmalerei und jenseits aller Wirklichkeit? Wir möchten nur an die Verfassungen der meisten westlichen Länder erinnern, die die Integrität und das Recht auf freies Leben des Individuums unabhängig von seiner Herkunft, seiner Bildung, seines Alters, seiner Leistungskraft und seines Gesundheitszustandes festschreiben. Könnte die Kindheit Zeichen, Wegweiser und Vorgeschmack für den Weg sein, den wir für die Arbeit der Zukunft einzuschlagen haben?

Um den Schlüssel für Identitätsbildung und Lebenssinn zu finden, sollte man sich von der einseitigen Ableitung des Selbstwertes von Leistung und Nützlichkeit lösen. Bisher bleiben Identität und Sinnerfüllung in der Erwerbsgesellschaft jedoch von diesen Aspekten abhängig. Der Preis dafür ist hoch. Viele Menschen stehen permanent unter gesundheitsschädigendem Leistungsdruck, und viele haben Angst vor einem gesundheitlichen oder beruflichen Absturz.[45]

Sie bemühen sich, das bedingungslose Gefühl der Wertschätzung aus ihrer Kindheit wenigstens wieder ein Stück weit zurückzuerobern, indem sie versuchen, sehr viel Leistung zu erbringen. „Ich krampfe, damit ich mir danach das leisten kann, was ich als Kleinkind hatte: Luxus ohne Sorgen." Das ist das Dilemma des modernen Managers.

III.8 Eine Lebensaufgabe suchen und finden

Fachwissen, Managementfähigkeiten und Leadershipbegabung stehen in einer hierarchischen übergeordneten Beziehung zueinander. Ein Mensch mit viel Fachwissen ist noch lange kein guter Manager, und ein guter Manager ist nicht automatisch ein geeigneter Leader. Ein Mensch mit Leadershipeigenschaften ist aber auch nicht zwangsläufig vor Karriereeinbrüchen und Schicksalsschlägen sicher, an denen er zerbrechen kann.

Deswegen sei an dieser Stelle noch ein anderer Aspekt angesprochen: die persönliche Lebensaufgabe, die wir auch als Berufung bezeichnen.

Tab. 8: Voraussetzungen und Wege zur Kompetenzentwicklung

Kompetenzen	Voraussetzungen	Der Weg dazu
Fachkompetenz (Können und Wissen)	Kenntnisse/Werkzeuge Professionalität	Ausbildung (lernen, lehren)
Managementkompetenz (Methodenkompetenz)	Begabungen, Fähigkeiten	Management- Development Training
Leadershipkompetenz (personale und soziale Kompetenz, Charakter)	Wertebewusstsein Persönlichkeit	Elternhaus Entwicklung Förderung Coaching
Lebensaufgabe	Sinnorientierung	Kann nur selber gefunden und entfaltet werden. (Hingabe, Passion, Glaube)

Wer sich dieser Berufung bewusst ist, weiß, dass diese viel mehr beinhaltet als nur erreichte Karriereziele. Wer seine Lebensaufgabe gefunden hat, hat den Schlüssel entdeckt, mit dem er nicht mehr von den Umständen getrieben wird. Er kann eine Vision für sein weiteres Leben, neue Ziele und Nachhaltigkeit entwickeln. Er hat einen Kompass in der Hand, der ihn davor bewahrt, die Fassung zu verlieren, wenn es beruflich einmal bergab geht.

Zur Lebensaufgabe gehört unter anderem das persönliche Wissen über die eigene Identität, den eigenen emotionalen Anker, die Selbstachtung und das Selbstwertgefühl. Menschen mit dem Gespür für eine Lebensaufgabe treffen ihre Entscheidungen in Ausrichtung auf die Aufgabe, die nach ihrer Überzeugung ihrem Dasein auf dieser Welt Bedeutung verleiht.

Eine Lebensaufgabe (Berufung) zu haben heißt, das zu leben, was über die eigene Bedürfnisbefriedigung hinausgeht. Wer etwas von seiner Lebensaufgabe spürt, ist gewappnet für eine Zukunft, in der es nicht mehr nur um das Eigenwohl gehen kann, sondern die vom Gemeinwohl handeln muss. Wer persönlich nicht dazu fähig ist, in kleinem Rahmen sich anderen zuzuwenden, der kann es schon gar nicht im großen Rahmen.

Unser Rat an Sie als Leser lautet: Entwickeln Sie für sich selbst ein persönliches Motto, das Sie aufschreiben und auf das Sie sich berufen können in Bezug auf das, was Sie sein wollen (Vorbilder, Charakter). Was wollen Sie im Leben tun? Welche Werte sind für Sie dabei von tragender Bedeutung? Denken Sie dabei über Ihre einzigartigen Prägungen und kennzeichnenden Persönlichkeitsmerkmale nach und lassen Sie sich eine Aussage schenken, die Ihre Einzigartigkeit nicht verleugnet, sondern die zu Ihnen passt. So wie Unternehmen ihr Leitbild in Worte fassen und sogar veröffentlichen, so sollten auch Sie Ihr ganz persönliches Leitbild, Ihre ganz persönliche Verfassung, Ihre eigene Präambel verfassen, die sich in Bezug auf Ihre Rolle und Ihr Verhalten auf alle wesentlichen Bereiche Ihres Lebens beziehen soll. Bleiben Sie Ihrem Leitsatz treu und denken Sie in Ihren freien Minuten bisweilen darüber nach. Sie werden feststellen, dass Sie mit der Zeit in allem Trubel des Alltags, in allen Veränderungen des Lebens, in allen Schicksalsschlägen eine zeitlose Kraft zur Verfügung haben, die in Ihrem Verhalten jeden Tag zum Ausdruck kommen wird.

Jeder Mensch stellt eine einzigartige, unverwechselbare Kombination von Stärken und Schwächen, von Talenten und Eigenheiten dar. Jede Falte im Gesicht, jedes Lächeln, jedes Trauergefühl im Herzen, jede Angst ist individuell und unverwechselbar. Persönlichkeit und Unverwechselbarkeit resultieren nicht aus Zufällen. Mit der Singularität jedes Einzelnen korrespondiert auch eine einzigartige Lebensaufgabe, die zu erfüllen ist, zu der genau jene Charaktermerkmale benötigt werden, die gerade dieser bestimmte Mensch hat. Das Auffinden dieser Lebensaufgabe gehört mit zum tieferen Sinn des Lebens, und ihre Einlösung gehört zur persönlichen Erfüllung.

Je stärker die Vorstellung von einer Lebensaufgabe entwickelt und konkretisiert wird, desto mehr werden wir von äußeren Turbulenzen unabhängig und können zu der Reife gelangen, die für unsere Persönlichkeit kennzeichnend wird. Je mehr wir unsere eigene Lebensaufgabe verwirklichen und vollenden, desto mehr gelangen wir zur persönlichen Erfüllung und haben das Potenzial, uns zu einem Eckpfeiler einer neuen Arbeitskultur zu entwickeln. Unter diesem Gesichtspunkt ist auch die Lebensaufgabe etwas anderes als ein Job. Sie ist mehr als die Arbeitsstelle, die heute kommt und morgen wieder geht. Die Lebensaufgabe ist auch nicht den Unberechenbarkeiten des Marktes unterworfen. Eine Lebensaufgabe kann auch bleiben, wenn der Job verloren geht. Wenn der Mensch in seinem Leben eine Lebensaufgabe gefunden hat, dann ist er zu sehr viel fähig. Er ist bereit, auf bestimmte Dinge zu verzichten und gegebenenfalls Opfer zu bringen. Für vieles, das zuvor im Bereich des Unmöglichen und Unerreichbaren lag, hat er plötzlich Kraft, Willen und Motivation.

Es ist interessant, dass die Psychologen den Begriff der Berufung wiederentdeckt haben. Er bezeichnet den Moment, in dem ein Mensch aus seinem Beruf heraus in seine Lebensaufgabe (Berufung) hineingeführt wird. Mit einer Berufung lassen sich persönliche Begabungen und individuelle Voraussetzungen viel eher zur Entfaltung bringen, als dies in einem herkömmlichen Beruf möglich ist. Die Berufung verdeutlicht einen viel höheren Stellenwert, was selbstverständlich das berufliche Handwerkszeug miteinschließen kann. So ist etwa der Psychotherapeut James Hillman davon überzeugt, dass der Mensch lebt, um Begabungen zu entfalten, einen persönlichen Plan zu erfüllen und um eine „Spur seiner Erdentage“[46] zu hinterlassen. Nach seiner Meinung gelingt diese eigentliche Menschwerdung erst, wenn man im Einklang mit der eigenen Bestimmung lebt und der Berufung folgt. Wer dies tue, spüre immer wieder, wie „Etwas“ versuche, uns in eine bestimmte Richtung zu drängen. Eine innere Stimme sagt: „Das musst du tun. Das ist deine Berufung.“

Wenn es uns nicht gelingt, entsprechend unserer persönlichen Werte zu leben, dann wächst der Zwiespalt zwischen unserem angestrebten Ziel und unserem tatsächlichen Handeln. Ohne unseren Werten treu zu bleiben, werden wir auf dem Arbeitsmarkt nichts verändern können. Das Unbehagen, das uns bisweilen in der Begegnung mit Menschen beschleicht, ist das Gefühl, dass wir mit Rollenträgern kommunizieren. Diese Menschen vermitteln nichts Lebendiges. Denn nur Echtheit bewirkt Neues.

Authentische Menschen empfinden den Druck der Fremdbestimmung so stark, dass sie in ihrem Handeln lieber das Risiko eines Scheiterns in Kauf nehmen, als sich einer äußerlich aufgedrückten Moral zu unterwerfen. Für den Arbeitsmarkt der Zukunft braucht es authentische Menschen. Nur derjenige, der Authentizität, Charakter und Unverwechselbarkeit als unverzichtbare Werte ansieht, wird dafür kämpfen, diese Werte höher zu erachten als die vordergründig positiven Folgen ihrer

Verleugnung. Das Aufspüren des eigenen Kernes, der eigenen Authentizität, befähigt ihn dazu, proaktiv und mutig in die Zukunft zu blicken.

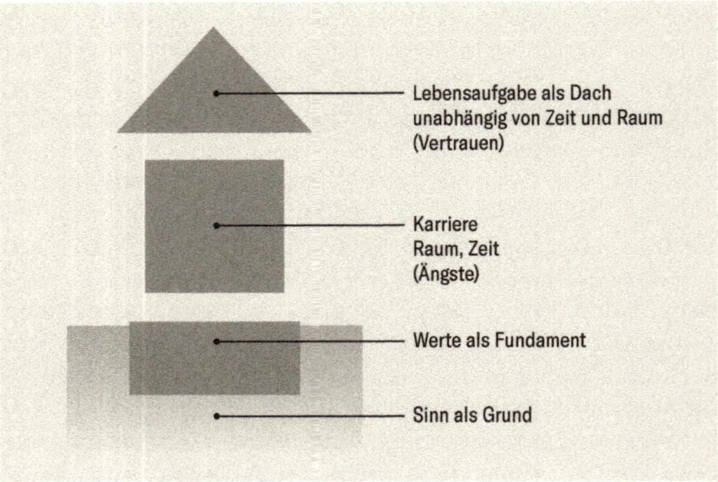

Abb. 5: Das Modell des „Karrierehauses“

III.9 Werte positiv erleben, Verantwortung übernehmen

Ein großer Fehler: dass man sich mehr dünkt, als man ist, und sich weniger schätzt, als man wert ist.

Johann Wolfgang von Goethe (Dichter, 1749–1832)

Werte positiv erleben

Dem Menschen, der sich selbst als wertvoll anerkennen kann, fällt es nicht schwer, seine Werte, aus denen sich sein Gesamtwert zusammensetzt, ohne Krampf zu leben. Er bereichert seine Mitmenschen mit seiner authentischen positiven Ausstrahlung. Die einzelnen Teilwerte, die sein Handeln prägen, kann seine Umgebung auch benennen und empfindet diese als Bereicherung: Ermutigung, Berechenbarkeit, Anteilnahme, Wahrhaftigkeit, Gerechtigkeitsempfinden, Zivilcourage, Verlässlichkeit etc.

Viele Menschen assoziieren mit den Begriffen Werte und Ethik etwas Negatives, denn in ihrem rationalistischen Denken gelten sie als normativ. Man kann ihnen das nicht verübeln. Der Wirtschaftsethiker Peter Koslowski kritisiert etwa: „Die positiven Aussagen der Ethik, was man tun soll, sind sehr schwach. Im Allgemeinen formuliert die Ethik, was man nicht tun soll.“[47] Frei nach dem Motto: „Alles was Spaß macht, ist Sünde.“ Oder zynisch formuliert: „Alles ist schlechter geworden, nur eines ist besser geworden: Die Moral ist schlechter geworden.“

Und tatsächlich werden ethische Überlegungen nicht selten geradezu als Mobbingwaffe missbraucht, wenn es darum geht, aus einem Rachegefühl heraus bei anderen Menschen Fehler zu suchen und diese mit eigener weißer Weste öffentlich an den

Pranger zu stellen. Die meisten Steuervergehen etwa gelangen an die Öffentlichkeit, weil aus Rache anonyme Anzeigen getätigt werden, um persönliche Feinde moralisch zu diffamieren und aus dem Weg zu schaffen. Dieser Rachegeist hat den Ruf der Ethik belastet. Mithilfe der Ethik sucht man im Leben des Konkurrenten oder politischen Gegners nach vergangenem Versagen, nach versteckter Unmoral mit dem Ziel, diesem zu schaden und die eigene Machtposition zu festigen.

Unternehmensethik kann nur zur positiven Freisetzung beitragen, wenn man sich von dieser Art von Moralkeule radikal verabschiedet.

Genauso wie diese Art von Unternehmensethik keinen Bestand hat, haben auch Regeln und Maßnahmen keinen Bestand, wenn wir von den Zielen nicht zutiefst überzeugt sind. Das gilt schon für die Erziehung der Kinder: Auch Eltern müssen mit ihren Kindern mehr über wertvolle Ziele sprechen als über wertvolle Verhaltensweisen. Sie denken viel zu oft an Themen wie gutes Verhalten, Höflichkeitsformen, Fleiß, Gehorsam, Pünktlichkeit und Kontrolle, anstatt ihren Kindern gestaltbare Zukunftsperspektiven aufzuzeigen, ihre Talente und Träume zu begleiten, Geborgenheit zukommen zu lassen, bedingungslose Liebe zu schenken und Sinn zu vermitteln.

Viele Menschen beklagen, dass sie nicht genügend Selbstdisziplin haben, um ihre eigentlichen Werte zu leben. Doch gelebte Disziplinlosigkeit offenbart lediglich, dass persönliche Werte und Ziele nicht tief genug implementiert sind, sodass man dafür eingefahrene Verhaltensmuster korrigieren würde.

Werte sind die Anker, die einem auch bei Sturm und Gegenwind aus tiefster Überzeugung den Halt geben, authentisch zu sein und in Wort und Tat konsistent zu bleiben. Sie sind der Maßstab für das, was uns wichtig oder unwichtig und was richtig oder falsch ist.

Den meisten von uns sind die eigenen Werte nur unscharf bewusst. Dies ist umso erstaunlicher, da diese die zentralen

Elemente einer Persönlichkeit ausmachen.[48] Diese mangelnde Kenntnis des innersten Antriebs führt dazu, dass die Werte nicht gelebt werden können und schlussendlich markante Veränderungen auf dem Arbeitsmarkt ausbleiben. Die Forderung heißt, proaktiv zu sein, statt Gefangener verhafteter Verhaltensmuster zu bleiben. Werte geben dabei Halt nach innen wie nach außen in Form von Glaubwürdigkeit, Berechenbarkeit und Loyalität. Existierende objektive Belastungen werden oft nicht als Last empfunden, wenn die Grundhaltung passt und wenn man mit sich im Einklang ist. In der Folge finden Sie in einer Wertfindungstabelle einige Anregungen.

Ein weiterer wichtiger Schritt in die Freiheit ist, die Verantwortung für das eigene Leben in all seinen Bereichen zu übernehmen, nicht nur im Beruf. Das bedeutet, die Macht über einen selbst nicht an andere abzutreten. Verantwortung zu übernehmen bedeutet, nicht Opfer zu sein, sondern Gestalter. Es bedeutet, Verantwortung für die innere Haltung, die Art zu denken wie auch das konsequente Handeln und damit für die eigene Balance zu übernehmen. Es geht darum, seine Interessen, Fähigkeiten, Persönlichkeitsmerkmale und beruflichen Anforderungen in Übereinstimmung zu bringen. Dies erfordert auch eine Rückbesinnung und Re-Priorisierung aufgrund des persönlichen Werte- und Zielsystems: weg von einem „immer mehr“ hin zu persönlichem Wachstum und individueller Entwicklung. In diesem Sinne gilt es, Konflikten, Problemen, Widerständen nicht länger auszuweichen. Es gilt, bei sich selbst zu beginnen, seinen Standpunkt zu beziehen, Grenzen zu setzen und sich treu zu bleiben. Unabhängigkeit und Authentizität resultieren aus dem Selbstwert-Bewusstsein, dem Bewusstsein des eigenen Wertes jenseits der Arbeit und Verwertbarkeit.

Checkliste: Das eigene Menschen- und Führungsleitbild entwickeln

- Unterstelle ich den Menschen in meiner Umgebung Positives oder verspüre ich oftmals Verachtung?
- Welchen Wert hat der Mensch für mich jenseits seiner Arbeitskraft, wenn er für mich nicht mehr nützlich ist?
- Was ist der Maßstab für mich für ein erfolgreiches, erfülltes Leben?
- Bildet für mich der private Erfolg die Grundlage des beruflichen Erfolges?
- Arbeite ich, damit ich wertvoll bin oder weil ich wertvoll bin?
- Worin sehe ich meine eigentliche Aufgabe (im Beruf, im Leben)?
- Wo übernehme ich gesellschaftliche Verantwortung? Welche Verantwortung ergibt sich aus meinem Beruf heraus?
- Wer sind meine Vorbilder und wo bin ich Vorbild? Was ist meine eigene moralische Identität?
- Was verstehe ich unter Führung (Führen im Sinne von Dienen)?
- Ist mein Führungsverhalten an Werten und Grundsätzen orientiert (Konsistenz von Sagen und Tun, Vorhersehbarkeit, Verlässlichkeit, Verantwortung für die Gesellschaft, Unterstützung von Menschen)?
- Wie gehe ich mit mir selbst um: hart und unerbittlich oder achtsam?
- Wie gehe ich mit anderen um: wertschätzend und fördernd oder mit Misstrauen?
- Wie gehe ich mit Dingen um: wertschätzend, mit Achtung oder oberflächlich; bin ich Diener oder Herr des Geldes?

III.10 Unterstützende Checklisten zur Findung des eigenen Standpunktes

Die letzte der menschlichen Freiheiten ist, in jeder Situation die selbst gewählte Haltung einzunehmen und den eigenen Weg selbst zu wählen.

Viktor Frankl (Neurologe und Psychiater, 1905–1997)

Die Verantwortungsübernahme für sich und sein Leben umfasst immer auch die Verantwortung für andere, sei es für den Lebenspartner, die Kinder, Mitarbeiter oder auch für die Gesellschaft.

Wie kann man nun die eigenen Werthaltungen, Lebensziele und Standortbestimmungen präzise erfassen, transparent machen und schlussendlich im Alltag umsetzen? Folgende Checklisten haben sich in unserem Beratungsalltag bewährt bei Menschen, die in ihrem Anliegen einer Standortbestimmung und einer Zukunftsperspektive keine Mühe scheuten, alles zu bedenken, um sich selbst zu verstehen und einzuordnen. Die Frage- und Checklisten sind selbst nicht die Antwort, aber sie sind ein durchdachtes Hilfsmittel, die Antwort ohne zusätzliche Umwege zu finden. Wer sich in diesem Sinne aufhalten lässt, kommt schneller voran.

Verträglichkeitskriterien für eine persönlich stimmige Arbeit festlegen

Der Einzelne wird sich in Zukunft mit einer Ausgangslage konfrontiert sehen, die Eigenverantwortung und Eigeninitiative abverlangt, persönliche Leitlinien und Verträglichkeitsprinzipien immer wieder neu zu justieren.

Ist meine Arbeit human verträglich?
Meine persönliche Abwägung nach der physischen und psychischen Verträglichkeit von Arbeitsbedingungen und Lebensweisen.

Ist meine Arbeit sozial verträglich?
Meine persönliche Abwägung nach der Verträglichkeit meines Arbeitens in Bezug auf den sozialen Zusammenhalt und in Bezug auf die Kultur des Zusammenlebens/-arbeitens.

Ist meine Arbeit ökologisch und fairtrade-verträglich?
Die persönliche Abwägung nach der Verträglichkeit meiner Arbeit für die Umwelt und für sogenannte Drittweltländer.

Macht mir meine Arbeit Freude?
Wann und unter welchen Umständen habe ich Freude an meiner Arbeit? Was könnte meine Arbeitsfreude steigern?

Wie ist die Wirkung meiner Arbeit auf die Lebens- und Arbeitsqualität anderer?
Verbessert oder verschlechtert meine Arbeit die Arbeits- und Lebensqualität anderer?

Wie hoch ist der Stellenwert meiner Arbeit in meinem Leben?
Wichtiger als meine Familie? Gleich wichtig? Weniger wichtig? Wie stark leite ich mein Selbstwertgefühl und mein seelisches Befinden von meiner Arbeit ab?

Wie reagiere ich, wenn ich meine Arbeit verlieren würde? Mit Gleichgültigkeit? Mit Panik? Mit Minderwertigkeitsgefühlen? Mit Erleichterung? Bricht mein Lebensinhalt zusammen?

Was ist in meinem Leben wichtiger als Arbeit? Was ist weniger wichtig als Arbeit?
Kann ich mich auf entspannte Art und Weise meiner Arbeit zu- und abwenden? Wie viel „Spiel“ liegt in meiner Arbeit?

Verstehe ich meine Arbeit als Job? Als Berufung? Als notwendiges Übel? Als Plage? Als Nebenprodukt? Als Sinnerlebnis? Als wichtigen Baustein in einem größeren Ganzen? Als Erniedrigung? Als Ausbeutung?

→

Arbeit und die nächste Generation
Gibt es einen Bezug meiner Arbeit zu den Bedürfnissen der nächsten Generation?

Wird die nächste Generation meiner Ansicht nach durch meine Tätigkeit entlastet, belastet?

Arbeit und das Gemeinwohl
Ist es mir ein bedeutendes Anliegen, dass durch meine Arbeit das Gemeinwohl gestärkt wird, oder ist es mir egal?

Arbeit und Kreativität
Könnte meine Arbeit schöpferischer sein, als sie ist?

Was hält mich von Kreativität ab? Zeitdruck, schlechtes Betriebsklima? Fehlende Anerkennung? Mangelndes Vertrauen? Übermüdung?

Was fördert meine Kreativität?

Wie fördert meine Art des Arbeitens die Kreativität anderer?

Unter welchen Bedingungen bin ich besonders kreativ?

Arbeit und Nutzen
Wem nutzt meine Arbeit? Was lerne ich bei meiner Arbeit?

Arbeit und Ausbrennen
Wann und unter welchen Umständen laufe ich Gefahr, bei meiner Arbeit auszubrennen, Nichtigkeit und Sinnlosigkeit zu erleben?

Arbeit und aufhören zu arbeiten
Wenn ich heute meine Arbeit niederlegen würde (müsste), was würde das ändern an meiner Befindlichkeit? An der Befindlichkeit meiner Kollegen?

Welche Botschaft hinterlasse ich ihnen? Welche Art von Ruhen und Loslassen der Arbeit pflege ich regelmäßig?

Wo kann ich auftanken?

Habe ich Angst vor Freizeit?

→

Arbeit als Sakrament

Welche Bedeutung hat Arbeit für mich, wenn sie zwar sinnvoll wäre, aber nicht bezahlt werden könnte?

Ist es mir ein Anliegen, dass ich durch meine Arbeit Gerechtigkeit, Mitgefühl und Freude in die Welt bringe?

Gab es in meiner Ausbildung und gibt es in meiner persönlichen Grundeinstellung Hinweise auf unverrückbare ethische Werte?

Arbeit und Lebensqualität

Könnte ich durch eine einfachere Lebensweise mehr Lebensqualität erreichen?

Die Frage, welcher Entwurf für das Verhältnis zwischen Arbeit und Privatleben für einen selbst am besten geeignet ist, muss geklärt werden. Nachdem wir diese grundsätzliche Fragestellung durchdacht haben, sollte jeder sich seinen ganz persönlichen Fragen zuwenden. Wie kann ich zu einem selbstbestimmten, ausgewogenen Leben gelangen? Ausschlaggebend ist die konsequente Ausrichtung auf die eigene Persönlichkeit. Wer bin ich und wo stehe ich? Was kann ich? Es geht um eine Standortbestimmung der eigenen Fähigkeiten, Stärken, Talente und Potenziale.

Bei einer persönlichen Standortbestimmung geht es darum, Bilanz von allen Lebensbereichen zu ziehen – direkt und ungeschönt. Es geht um ein Innehalten und Nachdenken über das eigene Leben, über das, was man erreicht hat und was man erreichen wollte; überlegen, wohin man will und wie man seine Pläne realisieren kann, aber auch erkennen, was einen hindert, was man selbst beeinflussen kann und was man akzeptieren muss. Nur wer innehält, findet inneren Halt.[49]

Die Reflexion ist der Ausdruck der Selbstsuche und der Anfang von jeder Veränderung.

Beispielfragen, um den eigenen persönlichen Standpunkt zu erkennen

Standortbestimmung – die eigene Identität

- Wer bin ich? Wofür stehe ich? Was macht meine Identität aus? Woraus leite ich diese ab?
- Was hat für mich Wert? An welchen Gegenständen, Statussymbolen und Titeln hänge ich?
- Was sind meine Stärken und Schwächen? Was sind meine weißen Flecken?
- Woher komme ich? Wo befinde ich mich im Leben? Wie ist mein Lebensweg bisher verlaufen? Was ist der rote Faden in meinem Leben? Was hat Kontinuität, wo gibt es Brüche? Warum?
- Welche Erfolge konnte ich erzielen, wo bin ich gescheitert? Was habe ich erreicht, was nicht? Wieso ist das so? Was sind die Gründe/Ursachen?
- Was fällt mir schwer, bedrückt mich, was gibt mir Kraft und bereitet mir Freude?
- Wem gilt mein Engagement und meine Liebe? Mir selbst, Sachen oder anderen Personen?
- Wer sind diese Personen, die ich brauche oder die mich brauchen?
- Habe ich etwas Nachhaltiges geschaffen?
- Stimmt alles für mich noch so, wie es ist? Möchte ich so weiterleben? Wie habe ich mich verändert, wie haben sich meine Ziele und Wünsche geändert?
- Was bleibt von mir noch übrig, wenn die äußerlichen Aspekte, von denen ich bisher meine Identität abgeleitet habe, plötzlich nicht mehr da sind?

Bin ich darauf vorbereitet,

- einen Erfolg hinzunehmen, ohne überheblich zu werden?
- einen Misserfolg zu erleben, ohne mich entmutigen zu lassen?

→

- eine Kritik zu ertragen, ohne beleidigt zu sein?
- den Verlust meines Besitzes hinzunehmen, ohne zu klagen?
- den Verlust meiner nächsten Angehörigen zu ertragen, ohne zu verzweifeln?
- den Verlust meiner Arbeit zu erleben, ohne den letzten Sinn meines Lebens einzubüßen?
- den Verlust meiner Gesundheit durchzustehen, ohne die Geduld zu verlieren?
- Einsamkeit zu gestalten?
- ungerechtfertigte Verleumdung auf mich zu nehmen?

Auslöser für Veränderungen

- Welche Prüfungen und Schicksalsschläge musste ich bewältigen?
- Was waren wichtige Entscheidungs- oder Wendepunkte in meinem Leben?
- Was waren/sind meine Beweggründe bei Veränderungen?

Unbewusste Blockaden für Veränderungen

- Bin ich offen für Neues und bereit, mich zu verändern?
- Wie weit bin ich bereit zu gehen?
- Was hindert mich, mich oder meine Situation zu verändern?
- Habe ich den Mut, mich in neuen Bereichen auszuprobieren?

Innere Zufriedenheit

- Woraus ziehe ich meine Zufriedenheit?
- Wann war ich zuletzt zufrieden?
- Bin ich mit mir im Reinen? Wie steht es um meine Lebensqualität?
- Was ist mir wichtig für meine Arbeits- und Lebenszufriedenheit?

→

- Unter welchen Bedingungen wäre ich mit meiner beruflichen Tätigkeit/mit meinem Privatleben zufrieden(er)?

Vereinbarkeit privater und beruflicher Ziele
- Wie stellt sich die Rangfolge meiner persönlichen Ziele dar? Spiegelt sich die Rangfolge so auch in meinem Lebensalltag wider?
- Lebe ich mein Leben oder lasse ich andere darüber bestimmen?

Lebensziele, Wertvorstellungen und Lebensplanung
- Welche privaten und beruflichen Ziele habe ich (noch)?
- Was ist der Sinn und Zweck meiner Ziele? Gibt es alternative Standpunkte und Perspektiven?
- Was würde ich tun, wenn ich nur noch einen Monat zu leben hätte?
- Wie wichtig ist mir Sicherheit und Beständigkeit gegenüber Selbstständigkeit und Freiheit?
- Was ist mir künftig wichtig? Womit möchte ich meine Lebenszeit verbringen?
- Was treibt mich an? Berufliche Karriere, Beitrag für andere (zum Wohle der Gesellschaft) zu leisten, persönliche Belange, Privatleben (Familie)?
- Hat der Beruf Vorrang vor der Familie oder umgekehrt?
- Was ist mir bei der Erwerbsarbeit wichtig? Anerkennung, Geld, Prestige, intellektuelle Herausforderungen, ein angenehmes privates Leben, Einfluss?
- Wo liegen die Qualitäten und Chancen der nächsten Lebensphase?
- Wie kann ich mich persönlich und beruflich weiterentwickeln?
- Wie kann ich meine Energie und Lebensfreude im Berufs- und Privatleben erhalten oder wiedergewinnen?
- Wie könnte ich meine Fähigkeiten und Interessen noch besser mit meiner Arbeit verbinden?

→

- In welcher Form kann ich meine Zukunftswünsche am besten verwirklichen?
- Inwiefern ist meine Partnerschaft und/oder mein Beziehungsnetz von der Karriere oder (Früh-)Pensionierung betroffen?
- Welche Möglichkeiten hätte ich bei einer Um-/Neuorientierung (Selbstständigkeit, zweite Karriere)?
- Wie könnte meine nachberufliche Zukunft aussehen, wo möchte ich mich engagieren?
- Welches Selbstkonzept von der Vorstellung der eigenen Persönlichkeit und dem Beruf ist prägend und handlungsleitend?

Als Grundmuster beruflicher Orientierungen können wir verschiedene Schwerpunkt-Kompetenzen benennen:[50]

- Technische/funktionale Kompetenz: Inhalte sind entscheidend, andauernde Tätigkeit im Fachgebiet oder enge Verbindung zum Fachthema ist wichtig (Expertentum).
- General Management: Interesse am Führen und Gestalten, Verantwortung für wichtige Entscheidungen, Streben nach der Spitze in der Organisationshierarchie.
- Selbstständigkeit/Unabhängigkeit: Eigene Art und eigener Rhythmus stehen im Vordergrund; normales Arbeitsumfeld wird als Korsett empfunden, die persönliche Freiheit ist am wichtigsten.
- Sicherheit/Beständigkeit: Absicherung und Beständigkeit als Hauptentscheidungskriterium, Suche nach einem sorgenfreien Leben (Gefahr des „goldenen Käfigs"), Verantwortungsabgabe.
- Dienst oder Hingabe für eine Idee oder Sache: Werte haben zentrale Bedeutung für das Handeln. Wunsch, Unternehmen, Gesellschaft und/oder die Welt zu verbessern.
- Totale Herausforderung: Das Streben, der Beste zu sein, Erfolg und andere „besiegen wollen", Treiber ist die Suche nach herausfordernden, immer schwierigeren Aufgaben.

- Lebensstilintegration: Flexibilität, Zusammenbringen von Möglichkeiten und Bedürfnissen; Ziel ist Sowohl-als-auch anstatt Entweder-oder.

Warum ist die Arbeit für die einen ein belastendes Lebensgefühl, während andere sich sportlich herausgefordert fühlen?

Auf Basis eigener Beobachtungen im Berufsalltag lassen sich vier Grundtypen oder auch Verhaltensmuster unterscheiden: Das Kontinuum bewegt sich auf der einen Seite zwischen Planung/Kontrolle und Hingabe/Vertrauen, auf der anderen Seite zwischen Opportunismus/Macht und Pessimismus/Ohnmacht. Auch wenn es sich bei den Charakterisierungen um bewusst gewählte Überzeichnungen handelt und es zahlreiche Mischformen und Ausprägungen mit unterschiedlicher Intensität gibt, kann die Auflistung helfen, eigene Facetten an sich zu entdecken und sich seine Schwächen einzugestehen, um daran arbeiten zu können.

Versuchen Sie, sich zuzuordnen:

Checkliste: Erkennen der eigenen Handlungslogiken

Der Held/Eroberer

Die Elite, die genau weiß, was sie will, und es auch verwirklicht. Sie tun, was sie für richtig halten, sind machtorientiert. Setzen bewusst ihre Akzente, zuerst ich, dann die anderen. Sie sind zugleich bereit, den Preis dafür zu bezahlen.

Das Glückskind

Zuversicht und Hingabe für die Sache, Karriere als Abfolge guter, nachhaltiger Leistung. Agiert ausgewogen, nimmt Dinge, wie sie sind/wie sie kommen, kann Beruf und Privatleben verbinden, unterliegt jedoch immer der latenten Gefahr, unter die Räder zu kommen.

→

Der Arbeiter
„Ohne Fleiß kein Preis" ist sein Motto. Seine Arbeit ist durch Verzicht und Disziplin geprägt. Er ist überzeugt, die Arbeitswelt müsse genauso sein, er ist in seiner Arbeit gefangen, stellt eigene Anliegen beruflich wie privat zurück.

Das Opfer
Die große Masse ist der Spielball der anderen, ist fremdbestimmt. Diese Menschen sind in Gefahr, ihr persönliches Glück und ihre Freiheit zu opfern. Gutgläubig hoffen sie auf Hilfe, warten darauf, dass ihnen jemand vorgibt, was sie denken und tun sollen, lassen sich dabei treiben und meinen, sie könnten nichts ändern. Sie suchen Sicherheit und trauen sich daher nicht, aufzustehen und etwas zu verändern.

Neben der aufgezeigten Grundstruktur des Charakters lassen sich auch stark übersteigerte Verhaltensmuster finden, die einen angemessenen Umgang mit sich selbst, dem eigenen Leben und in der Zusammenarbeit mit anderen erschweren.

Der Narzisst
Er ist der uneingeschränkte Sonnenkönig – er und seine Firma sind die Größten, alle anderen Idioten. Kennzeichnende Merkmale sind eine starke Ich-Bezogenheit, eine Überbewertung der eigenen Person und eine permanente Selbstinszenierung; er ist manipulativ, abwertend, beutet Mitarbeiter aus, fördert einen Kampf aller gegen alle und betreibt eine radikale Unterscheidung in Gut oder Böse, in Freund oder Feind im Sinne von „Wer nicht für mich ist, ist gegen mich".

Der Zwanghafte
Auch Kontrollfreak genannt, er verliert sich gerne im Mikromanagement. Er ist der Besserwisser schlechthin und hat Freude am Beherrschen. Es mangelt ihm an Vertrauen in seine Mit- →

arbeiter, er kann schwer entspannen, wird von Zweifeln verfolgt, ist oft entscheidungsunfähig, hat ein permanentes Gefühl des Getriebenseins. Chefs dieses Typs brauchen Ordnung, Systematik, Kontrolle, Berechenbarkeit, strenge Disziplin; sie agieren oftmals überzogen bis hin zur Schikane.

Der Schizoide
Schuld sind für den Schizoiden immer die anderen. Er ist distanziert, so gut wie nie ansprechbar, misstrauisch, verschlossen, manchmal auch arrogant, es fehlt ihm an zwischenmenschlicher Wärme und Nähe. Alles wird rein sachlich angegangen, ein Grundmisstrauen herrscht vor, der Umgang mit Mitarbeitern wird auf ein Minimum reduziert, er zeigt sich oft abwertend gegenüber anderen – Mitarbeiter werden als Genies, nützliche Trottel oder schlicht als Idioten bezeichnet und einsortiert.

Der Choleriker
Der Choleriker ist der Antagonist zum Zwanghaften, er ist unbeständig, eher labil, launenhaft und versucht, ständig im Mittelpunkt zu stehen. Er lässt daher keine Gelegenheit zur Selbstdarstellung aus und ähnelt darin dem Narzissten. Er muss andere kleinmachen, um selbst groß zu erscheinen. Paradoxerweise möchte er von anderen gemocht und bewundert werden, scheut aber Bindung, Festlegung und Verantwortung.

Der Depressive
Er ist meist sorgenvoll, zögerlich, vorsichtig, ängstlich-bemüht und schiebt alles vor sich her. Typisch sind auch Antriebslosigkeit, mangelndes Selbstvertrauen und Aggressivität gegen sich selbst. Er verursacht durch sein Verhalten ein Führungsvakuum, wodurch sein Bereich oftmals ziel- und führungslos ist. Oft ist Resignation die Ursache. Das Machtvakuum auf den nächstgelegenen Führungsebenen kann verstärkt zu Intrigen und Machtkämpfen führen. Depressive sind oft Führungskräfte mit dauerhaftem Burn-out-Syndrom.

Egal, welchem Grundtyp und welchen Verhaltensmustern wir uns zuordnen, Tatsache ist, dass bei uns allen früher oder später Situationen aufbrechen, die eine bewusste Konfiguration des beruflichen und/oder privaten Lebens erforderlich machen.

Welche der genannten Muster erkennen Sie in Ihrem Unternehmen beziehungsweise in Ihrem Umfeld? In welchen Verhaltensweisen erkennen Sie sich selbst? Wodurch zeichnet sich Ihr Umgang mit Kollegen oder Ihr Führungsstil gegenüber Mitarbeitern aus? Achten Sie beispielsweise künftig darauf, wo es bei Ihnen oder anderen zu überzogener Anpassung, Unterordnung oder auch Verengung und Ausblendung (denken, dass es nichts anderes gebe) kommt; wo eine stark ausgeprägte provisorische Einstellung (hoffnungslos, unentschlossen, kurzfristig, zufällig), wo Fatalismus (Abgabe von Verantwortung) oder Herdendenken vorherrscht.[51] Nur über das Erkennen von Schieflagen und das notwendige Austarieren kann persönliches Wachstum gelingen. Statt kurzfristiger Selbstverwirklichung als Selbstzweck sollte der Weg hin zur Sinnverwirklichung gehen, die trägt.

IV Nach uns die Zukunft: Integrativ leben – Zwischen Arbeitswelt und privater Lebensfülle

Wichtig ist, dass Unternehmer ihren kritischen Kindern wieder in die Augen schauen können, dass sie das, was sie im Geschäft tun, mit gutem Gewissen vor ihrer Familie verantworten können, ohne sich in übliche Ausreden wie „Das machen ja alle" oder „Das ist jetzt nun einmal so" flüchten zu müssen.

Die Schlüsselworte, von denen aus wir einen neuen Weg finden können, lauten: Sinn, Integrität, Lauterkeit – nicht als Anhängsel oder als Mittel zum Zweck, sondern als selbststeuerndes Prinzip, unabhängig von jeder Kosten-Nutzen-Rechnung.

Wir sind aufgefordert, den kommenden Generationen eine Gesellschaft zu hinterlassen, die es ihnen erlaubt, in Würde zu leben. Wir machen uns wenige Gedanken darüber, dass wir gerade dabei sind, eine Welt ohne Geborgenheit, ohne Ruheorte, ohne Inseln der Rekonvaleszenz zu schaffen. Die nächste Generation wird nicht in Würde leben können, wenn sie ständig rennen muss. Sie könnte eines Tages ohne Achtung auf ihre Eltern blicken, die ihr eine Welt hinterlassen haben, in der sie nicht mehr die Quellen der Geborgenheit finden kann, wie es einige ihrer Eltern noch vermochten.

Die Lebensauffassung, die Hoffnung und der Glaube vieler junger Menschen sind beeindruckend. Doch die authentische Vorahnung vieler junger Menschen, keine lebenswerte Zukunft mehr zu haben ist beunruhigend. Viele von ihnen haben keine Lust mehr, sich nach dem Muster ihrer Eltern allein durch Arbeit Anerkennung zu verschaffen, und setzen ganz bewusst das Thema Lebensqualität auf ihre Prioritätenliste. Sie wollen, dass ihre eigenen Kinder sie nicht genauso vermissen werden, wie sie selbst ihre Eltern vermisst haben. Wir müssen die Wirtschaft zum Wohl der Gesellschaft mit neuem Sinn füllen – und nicht umgekehrt die Gesellschaft mit einem Sinn füllen, der sie dem Wohl der Wirtschaft unterordnet. Politisches Denken und Handeln müssen gesellschaftliche Folgen prinzipiell und zwingend unter ihrem ethischen Aspekt berücksichtigen. Eine wirklich nachhaltige Entwicklung bedeutet, dass unsere Gesellschaft lernen muss, ihre Entscheidungen nach dem Gerechtigkeitsprinzip vor allem gegenüber künftigen Generationen zu treffen. Es braucht nicht nur die Unternehmer, sondern auch mehr und mehr Menschen, die auf allen Ebenen und Lebensgebieten anfangen, überraschend neue Modelle des Zusammenarbeitens und des Wirtschaftens zu entwickeln.

Der verengte Blickwinkel des heutigen Arbeitsverständnisses war der Ausgangspunkt unserer Betrachtungen. Für eine lebenswerte Zukunft wird die gegenwärtige Form von Erwerbsarbeit, die im Korsett von Kapital und Marktprinzipien gefangen ist, nicht ausreichen.

Wie können wir eine Betrachtungsweise von Arbeit, die persönliche Erfüllung und eine menschenbezogene, ganzheitliche Qualität beinhaltet, zurückgewinnen? Der Rückblick in die Philosophie der Arbeit in der Vergangenheit der Menschheitsgeschichte zeigt uns, dass das durchaus möglich ist. Die Menschen vor uns haben auch gelebt!

Es liegt an uns, Akzente zu setzen, Widerstand zu leisten, Land zu gewinnen, zu kämpfen, Wachheit zu pflegen und Widerspruch zu wagen. Im letzten Kapitel haben wir danach gefragt, wie wir als Unternehmer und Führungskräfte eine solche Persönlichkeit werden können, die die Kraft hat, proaktiv die notwendigen Veränderungen der Arbeitswelt von morgen zu gestalten.

Die Zukunft ist gestaltbar. Sie muss aber zuerst als reale Möglichkeit in unseren Köpfen und Herzen stattfinden. Dafür ist unsere Selbstachtung vonnöten. Und die Aufforderung, uns auf unsere ureigenen Werte zurückzubesinnen.

Die Autoren

Die beiden Autoren Ferri Abolhassan und Johannes Czwalina kennen sich schon sehr lange. Sie sind ganz unterschiedlicher Natur: Der eine ist ein pragmatischer, umsetzungsstarker und seit Jahren sehr erfolgreicher Spitzenmanager eines DAX-notierten Konzerns, der andere ist ein langjähriger renommierter Coach für Führungskräfte, der viel Erfahrung in der Wahrnehmung der Befindlichkeit von Führungskräften gesammelt hat. Gerade in ihrer gegenseitigen Wertschätzung ganz unterschiedlicher Begabungen und Charaktere sowie in ihren unterschiedlichen Perspektiven sehen sie ihre Hoffnung auf eine zeitübergreifende Relevanz dieses Buches begründet.

Dr. Ferri Abolhassan, geboren 1964 in Saarbrücken, ist seit Januar 2024 Vorstand der T-Systems und Vorstandsmitglied der Deutschen Telekom. Bis Dezember 2023 war er Geschäftsführer Sales & Service Telekom Deutschland GmbH. Er ist promovierter Informatiker. Nach Stationen mit verschiedenen Führungspositionen bei Siemens, IBM, IDS Scheer und SAP ist er seit 2008 für die Deutsche Telekom AG tätig. Hier gehörte er zunächst acht Jahre lang der Geschäftsführung der T-Systems International GmbH an.

Seit 2016 ist er Mitglied der Geschäftsführung der Telekom Deutschland GmbH. Bereits im Folgejahr übernahm er den Geschäftsbereich Service mit rund 30.000 Mitarbeitenden. Er arbeitete mit seinem Team daran, den Kundenservice der Telekom konsequent auf die Bedürfnisse der Kunden auszurichten. Mit seiner klaren Strategie und der Philosophie „Einfach.Anders. Machen." konnte er vielerorts im Konzern markante Fortschritte erzielen. Die Lösung von Kundenanliegen und neue Handlungsspielräume für die Mitarbeiter stehen in seinem Fokus.

2021 wurde ihm auch die Verantwortung für die Privatkunden-Vertriebsgesellschaft mbH übertragen. Seit April 2022 ist er zudem Vorsitzender des Aufsichtsrats der Deutsche Telekom Außendienst GmbH.
Dr. Abolhassan ist Herausgeber zahlreicher Fachpublikationen und -bücher und engagiert sich ehrenamtlich in verschiedenen Organisationen – u. a. als Vorsitzender im Aufsichtsrat des Deutschen Forschungszentrums für Künstliche Intelligenz (DFKI), in Branchenverbänden, Kuratorien und IHK-Ausschüssen. Zudem ist er offizieller Saarland-Botschafter.

Mehr Infos auf seinem LinkedIn-Profil: *www.linkedin.com/in/ferriabolhassan/ Saarbrücken.*

Johannes Czwalina, 1952 geboren, ist Coach für das Top-Management, Referent und Autor. Er lebt mit seiner Familie in Riehen bei Basel.

Der renommierte Theologe hat sich als Berater, Referent und Autor einen Namen gemacht. Er kombiniert seine theologische Ausbildung mit modernen Managementtechniken, um Führungskräfte in ihrer persönlichen und beruflichen Entwicklung zu unterstützen. Sein Fokus liegt dabei auf der Entwicklung von Führungskompetenzen und der Förderung einer ausgewogenen Persönlichkeit im Management.

Seinen beruflichen Werdegang begann Czwalina als Großstadtpfarrer und Mitbegründer sozialer Einrichtungen (1978–1992), bevor er sich als Partner in einer renommierten deutschen Unternehmensberatung mit Schwerpunkt Personalentwicklung (1990–1993) weiterentwickelte. 1993 gründete er die Czwalina Consulting AG in Basel, die er bis heute leitet. Sein Engagement für gesellschaftliche Belange zeigt sich auch in seiner Rolle als Gründer und Leiter der bisher einzigen Holocaust-Gedenkstätte in Riehen, Schweiz, und als Gründer und Präsident verschiedener gemeinnütziger Organisationen.

Czwalina ist nicht nur als Berater und Coach gefragt, sondern auch als versierter Autor. Seine Bücher, darunter „Karriere ohne Reue“ und „Wer mutig ist, der kennt die Angst“, „Wenn ich nochmal anfangen könnte“, „Das Schweigen redet“, „Nie geht es nur um Vergangenheit“, „Die Wirklichkeit einblenden“ etc., befassen sich mit Themen wie Karrieregestaltung, Zivilcourage und Vergangenheitsbewältigung, Konfliktberatung, geschichtlichen und politischen Analysen.

Seine Philosophie basiert auf der Überzeugung, dass Veränderungen und Herausforderungen positiv angenommen werden sollten. Er legt großen Wert darauf, die individuelle Persönlichkeit und Talente zu erkennen und zu fördern, um sowohl im beruflichen als auch im privaten Bereich Erfolg und Zufriedenheit zu steigern, wobei er stets die Frage nach sinnorientierter Führung und verantwortungsbewusstem Umgang mit Mitmenschen und dem eigenen Leben in den Mittelpunkt stellt.

Kontakt: *czwalina@czwalinaconsulting.com*

Literaturverzeichnis

Arendt, Hannah: The Human Condition 1958, deutsche Ausgabe: Vita activa oder vom tätigen Leben, München 1987.

Aristoteles: Politik, München 1986.

Bauer, Wilhelm u. a.: Die Zukunft der Arbeit – Arbeit der Zukunft, in: Fraunhofer Magazin, Nr. 7, Stuttgart 2006.

Biedenkopf, Kurt: Interview, in: Der Spiegel, Nr. 31, 2009, S. 69 ff.

Binswanger; Hans Christoph: Geld und Magie, Stuttgart 1985.

Börsig-Hover, Lina: Person und Arbeit, Kleinweil 1995.

Bürgenmeier, Beat/Krisi, Hans-Peter: Netzwerk für sozialverträgliche Wirtschaft, Thesen und Zielsetzungen, Bern 1999.

Burneleit, Heinz: Friedrich der Große, Besinnung auf den Staat, Düsseldorf 1981.

Centrum für angewandte Wirtschaftsforschung: Lebenszufriedenheit und Wohlbefinden in Deutschland – Studie zur Konstruktion eines Lebenszufriedenheitsindikators, Münster 2009.

Chaunu, Pierre: Der Mensch – Drei Millionen Jahre – Achtzig Milliarden Schicksale, Zürich 1996.

Covey, Stephen R.: Die 7 Wege zur Effektivität, München 1999.

Czwalina, Johannes: Wer mutig ist, der kennt die Angst, Moers 2008.

Czwalina, Johannes/Walker, Andreas M.: Karriere ohne Sinn? Frankfurt a. M., München 1997.

Dees, Gregory: The Meaning of Social Entrepreneurship, Harvard 1998.

Dehnbostel, Peter u. a. (Hg.): Kompetenzentwicklung in der digitalen Arbeitswelt, Schäffer/Poeschel 2019.

de Pury, David/Hauser, Heinz/Schmid, Beat: Mut zum Aufbruch – eine wirtschaftspolitische Agenda für die Schweiz, Zürich 1995.

Deutsche Bank Research: The happy variety of capitalism, Frankfurt a. M. 2007.

de Weck, Roger: Nach der Krise – Gibt es einen anderen Kapitalismus? München 2009.

Dirks, Walter: Die Antwort der Mönche, Frankfurt a. M. 1952.

Dönhoff, Marion: Zivilisiert den Kapitalismus, Stuttgart 1997.

Fellner Rudolf/Mayr, Albert/Pirklbauer, Klaus: Nachhaltige Unternehmensführung erfolgreich umsetzen, Haufe 2015.

Ferguson, Niall: Der Aufstieg des Geldes – die harte Währung der Geschichte, Econ 2009.

Fraser, Nancy: Die Gleichheit der Geschlechter und das Wohlfahrtssystem: Ein postindustrielles Gedankenexperiment, in: Axel Honneth (Hrsg.), Pathologien des Sozialen: Die Aufgaben der Sozialphilosophie, Frankfurt a. M. 1994.

Fortmann, Harald R./Kolocek, Barbara (Hg.): Arbeitswelt der Zukunft, Wiesbaden 2022.

Frey, Dieter: Das Versagen der Manager, in: Süddeutsche Zeitung, 6.10.2006.

Friedman, Thomas: The world ist flat. A brief history of the globalized world in the 21st century, London 2005.

Fukuyama, Francis: Der Liberalismus und seine Feinde, Hamburg 2022.

Gil, Thomas: Sozialphilosophie der Arbeit, Stuttgart 1997.

Gorz, André: Kritik der ökonomischen Vernunft, Berlin 1989.

Gorz, André: Befreiung von der Hausarbeit und Familie?, in: Widerspruch 16 (1988), S. 14.

Graf, Helmut: Die kollektiven Neurosen im Management – Viktor E. Frankl. – Wege aus der Sinnkrise in der Chefetage, Wien 2007.

Greiffenhagen, Martin: Die Aktualität Preußens, Frankfurt a. M. 1981.

Gunermann, Heinz: M.T. Cicero: De officiis/Vom pflichtgemäßen Handeln, Stuttgart 1976.

Habermann, Gerd: Teilen oder Produzieren? Bemerkungen zum Ethos des Unternehmers, in: Neue Zürcher Zeitung, Nr. 211, 2.9.1993.

Handy, Charles: Die anständige Gesellschaft, München 1998.

Herrhausen, Alfred: Denken, Ordnen, Gestalten, Berlin 1990.

Herrhausen, Alfred: Kein Bedarf nach einer neuen Unternehmensethik, in: Neue Zürcher Zeitung Nr. 249 vom 26.10.1993, S. 35.

Hess, Thomas in Zusammenarbeit mit der Strategieberatung Zehnvier GmbH: Life-Studie 1: Digitales Leben, München 2009.

Hillman, James: ohne Titel, in: Psychologie heute, Weinheim 2006.

Homann, Karl/Blome-Drees, Franz: Wirtschafts- und Unternehmensethik, Göttingen 1992.

Horx, Matthias: Wie wir leben werden. Unsere Zukunft beginnt jetzt, München 2009.

Kocka, Jürgen/Offe, Claus (Hg.): Geschichte und Zukunft der Arbeit, Campus Verlag 2000.

Korn/Ferry International: Leadership in a Time of Rapid Change, Los Angeles 2008.

Knappertsbusch, Inka: Die Zukunft der Arbeit, Wiesbaden 2023.

Koslowski, Peter: Interview, in: Zeitschrift Finanzplatz, 26.04.1996, S. 16.

Landesstiftung Baden-Württemberg (Hrsg.) / Reinders, Heinz: Jugend. Werte. Zukunft. – Wertvorstellungen, Zukunftsperspektiven und soziales Engagement im Jugendalter, Stuttgart 2005.

Levinson, Meridith/König, Andrea: Wenn die Arbeit das Leben kontrolliert – Wege aus der falschen Work-Life-Balance, in: CIO, 2019.

Magazin eco. Managementwissen für Führungskräfte: Ausgaben 5/99 und 6/99.

Mahnkopf, Birgit: Globalisierung der Unsicherheit, 2002; Online-Artikel des Goethe-Instituts: Zukunft der Arbeit […], 2006.

Malone, Thomas W.: The crowd-sourced company, in: McKinsey: What Matters, 2.02.2009.

Marcuse, Herbert: Über die philosophischen Grundlagen des wirtschaftswissenschaftlichen Arbeitsbegriffes, in: Kultur und Gesellschaft, Frankfurt a. M. 1965, Bd. 2, S. 7.

Marx, Karl: Die Frühschriften, Stuttgart 1971.

Marx, Karl: Das Kapital, Stuttgart 1969.

Miegel, Meinhard: Fatale Attraktion des Materiellen, in: Focus, 9/2010, S. 72.

Miegel, Meinhard/Negt, Oskar: Wohin geht eine Arbeitsgesellschaft, der die Lohnarbeit ausgeht? in: Online-Artikel des Goethe-Instituts: Zukunft der Arbeit […], 2006.

Morus, Thomas: Utopia, Frankfurt a. M. 1516.

Münchner Kreis e.V./Deutsche Telekom AG (Hrsg.): Zukunft und Zukunftsfähigkeit der deutschen Informations- und Kommunikationstechnologie, Dritter Nationaler IT Gipfel, 2008.

Odenwald, Michael: Zukunftsforscher – Altruismus verhindert Apokalypse, in: www.focus.de/wissen/wissenschaft, 29.7.2014.

Opaschowski, Horst W.: Deutschland 2030 – Wie wir in Zukunft leben, Gütersloh 2008.

o.V.: An die Arbeit, in: BRAND EINS, 09/09, S. 40 – 49.

o.V.: Ordnung im Chaos, in: Der Spiegel, Nr. 14., 2.4.2000.

o.V.: Plädoyer für den Vorrang der Politik vor der Wirtschaft, in: St. Gallener Tageblatt, Abschnitt Aktualität, 23.12.1996.

Palm, Guntram Martin: Wie sozial muss/kann die soziale Marktwirtschaft sein?, Karlsruhe 1997.

Pelluchon Corine: Die Durchquerung des Unmöglichen – Hoffnung in Zeiten der Klimakatastrophe, München 2023.

Piller, Otto: ohne Titel, in: Basler Zeitung, 6.5.2000, S. 48.

Polanyi, Karl: The Great Transformation. Politische und ökonomische Ursprünge von Gesellschaften und Wirtschaftssystemen, Frankfurt a. M. 1979.

PWC/SAM (Hrsg.): Sustainability Investing – The Paradigm for Institutional Investors – The Sustainability Yearbook 2010.

Raabe, Kristin: Auswirkungen des demographischen Wandels auf die Arbeitswelt, in: Deutschlandradio, 30.04.2008.

Radermacher, Franz-Josef, u. a.: Global Impact – Der neue Weg zur globalen Verantwortung, München 2009.

Radermacher, Franz-Josef / Beyers, Bert: Welt mit Zukunft. Überleben im 21. Jahrhundert, Hamburg 2007.

Rawls, John: Die Idee des politischen Liberalismus, Frankfurt a. M. 1992.

Reichert, Sabine: Die Entwicklung des Arbeitsmarktes und die Arbeitsmarktpolitik in Deutschland, Grin Verlag 2007

Rifkin, Jeremy: Das Ende der Arbeit und ihre Zukunft – Neue Konzepte für das 21. Jahrhundert, Frankfurt a. M. 2004.

Röpke, Wilhelm: Jenseits von Angebot und Nachfrage, Erlenbach/Stuttgart/Zürich 1966.

Rump, Jutta: Quo Vadis Personalpolitik? Die Arbeitswelt im Umbruch, Institut für Beschäftigung und Employability, 2008.

Rüthers, Bernd: Die Arbeitsgesellschaft ohne Arbeit – Krise auf Zeit oder Zerfall eines Leitbildes? Abschiedsvorlesung, Konstanz 1998.

Sahlins, Marshall: Stone Age Economics, New York 1972.

Schaltegger, Stefan u. a. / BMU (Hrsg.): Nachhaltigkeitsmanagement in Unternehmen, Berlin 2007.

Schein, Edgar H. (MIT / Synercon Personalberatung Hrsg.): Karriereanker – Die verborgenen Muster in Ihrer beruflichen Entwicklung, Darmstadt/München 1994.

Schieffer, Alexander / Zehnder, Egon P. S. / Schulte-Noelle, Henning: Die Führungspersönlichkeit von Top-Managern, in: Hilb, Martin (Hrsg.): Neue Führungskonzepte im Praxistest, Köln 2001.

Schiller, Friedrich: Die Glocke, in: Die Gedichte, Frankfurt a. M. 1999.

Schmidt, Karl-Otto (Hrsg.): Seneca – der Lebensmeister. Daseins-Überlegenheit durch Gelassenheit – Ein Brevier, Ulm 2005.

Schmitz, Andreas: Work-Life-Balance – Der tägliche Balance Akt in: Manager-Magazin, 28.05.2008.

Schulz von Thun, Friedemann: Miteinander reden, Hamburg 1989.

Schwarz, Gerhard: Geht der Arbeitsgesellschaft die Arbeit aus?, in: Neue Züricher Zeitung, 2./3.5.1998.

Schweizerischer Arbeitskreis für ethische Forschung (Hrsg.): Das Problem der Arbeit am Ende des 20. Jahrhunderts, Arbeitsblätter Nr. 34, Oktober 1995.

Siebert, Horst: Geht den Deutschen die Arbeit aus?, München 1994.

Smith, Adam: Der Wohlstand der Nationen, München 1978.

Steiner, George: Errata – Bilanz eines Lebens, München/Wien 1999.

Thomson, Lars: Wie werden wir zukünftig arbeiten? Vortrag anlässlich des 5. Mobile Business Forums in Bern vom 21.9.2006.

Thür, Hanspeter: ohne Titel, in: Basler Zeitung, 3.7.2007, S. 4.

Ulrich, Peter: Jahresbericht des Institutes für Wirtschaftsethik der Universität St. Gallen 2009.

Volz, Gustav Berthold u. a. (Hrsg.): Die Werke Friedrich des Großen, Berlin 1913.

Winter, F. G.: Arbeit – Zwang oder Erfüllung? Freiburg 1983.

Würgler, Hans: Das Problem der Arbeit am Ende des 20. Jahrhunderts, in: Arbeitsblätter 2.95, Schweizerischer Arbeitskreis für ethische Forschung, Oktober 1995.

Zehnder, Egon: Kompetenzen für dynamisches Wachstum, Frankfurt a. M. 2007.

Endnoten

1 Sahlins, Marshall: Stone Age Economics, New York 1972. Neuere Forschungsergebnisse siehe: Chaunu, Pierre: Der Mensch – Drei Millionen Jahre – Achtzig Milliarden Schicksale, Zürich 1996.

2 Gunermann, Heinz: M.T. Cicero: De officiis/Vom pflichtgemäßen Handeln, Zweisprachige Ausgabe mit Kommentar und Nachwort, Stuttgart 1976.

3 Ebd.

4 Aristoteles: Politik, München 1986.

5 Polanyi, Karl: The Great Transformation. Politische und ökonomische Ursprünge von Gesellschaften und Wirtschaftssystemen, Frankfurt a. M. 1979, S. 391.

6 Genesis 3, 17.

7 Psalm 90, 10.

8 Psalm 37, 16.

9 Dirks, Walter: Die Antwort der Mönche, Frankfurt a. M. 1952.

10 Schiller, Friedrich: Die Glocke, in: Die Gedichte, Frankfurt a. M. 1999.

11 Burneleit, Heinz: Friedrich der Große, Besinnung auf den Staat, Düsseldorf 1981, S. 18.

12 Greiffenhagen, Martin: Die Aktualität Preussens, Frankfurt a. M. 1981.

13 Burneleit, Heinz: Ebd.

14 Marx, Karl: Die Frühschriften, Stuttgart 1971; Ebd.: Das Kapital, Stuttgart 1969.

15 Rüthers, Bernd: Die Arbeitsgesellschaft ohne Arbeit – Krise auf Zeit oder Zerfall eines Leitbildes?, Abschiedsvorlesung, Konstanz 1998.

16 o.V.: Ordnung im Chaos, in: Der Spiegel, Nr. 14., 2000, S. 138.

17 Siebert, Horst: Geht dem Deutschen die Arbeit aus?, München 1994, S. 234.

18 Röpke, Wilhelm: Jenseits von Angebot und Nachfrage, Erlenbach/Zürich/Stuttgart 1966.

19 Rifkin, Jeremy: Das Ende der Arbeit und ihre Zukunft – Neue Konzepte für das 21. Jahrhundert, Frankfurt a. M. 2005, S. 107 ff.

20 Rifkin, Jeremy: ebd, S. 193 ff.

21 Odenwald, Michael: Zukunftsforscher – Altruismus verhindert Apokalypse, in: www.focus.de/wissen/wissenschaft, 24.11.2008.

22 Friedman, Thomas: The World is flat. A brief history of the globalized world in the 21st century, London 2005, S. 48 ff. und 339 ff.

23 Gunter Dueck, Cheftechnologe bei IBM Global Services, erläutert in einem Interview mit der Zeitschrift Brand eins, dass es in Zukunft für IBM genug zu tun geben wird, und geht dabei von nachfolgendem Zahlengerüst aus: 6 Milliarden Menschen, 4 Milliarden davon werden das Handy nutzen, 2 Milliarden das Internet, Hunderte Millionen Geräte und eine Trillion Applikationen werden in Zukunft miteinander kommunizieren, 100 Trillionen Interaktionen werden am Tag stattfinden.

24 Die wichtigsten Trends auf dem Weg in die digitale Welt beschreibt die Auftaktstudie „Digitales Leben". Hess, Thomas in Zusammenarbeit mit der Strategieberatung Zehnvier GmbH: Life-Studie 1: Digitales Leben, München 2009.

25 Malone, Thomas W.: The crowd-sourced Company, in: McKinsey – What Matters, 26.2.2009.

26 Münchner Kreis e.V./Deutsche Telekom AG (Hrsg.): Zukunft und Zukunftsfähigkeit der deutschen Informations- und Kommunikationstechnologie, Dritter Nationaler IT-Gipfel, 2008.

27 Mahnkopf, Birgit: Globalisierung der Unsicherheit, in: Zukunft der Arbeit [...], Online-Artikel des Goethe-Instituts 2006.

28 Thomsen, Lars – future matters – Büro für Innovation und Zukunftsforschung.

29 Vorreiter dieser Entwicklung waren Adidas und Seidensticker, die sich so bereits in den frühen 90er-Jahren aufgestellt haben.

30 Beispiele sind hier IBM und Siemens, die mittlerweile einen Großteil ihres Umsatzes nicht mehr mit „Hardware", sondern Dienstleistungen erwirtschaften.

31 Bauer, Wilhelm, u. a./Fraunhofer Institut für Arbeitswirtschaft und Organisation (Hrsg.): Die Zukunft der Arbeit – Arbeit der Zukunft, in: Fraunhofer Magazin, Nr. 7, Stuttgart 2006 sowie Raabe, Kerstin (Max-Planck-Institut, Rostock): Auswirkungen des demografischen Wandels auf die Arbeitswelt, in: Deutschland-Radio, 30.4.2008.

32 Mahnkopf, Birgit: Globalisierung der Unsicherheit, in: Zukunft der Arbeit [...], Online Artikel des Goethe-Instituts 2006.

33 Rump, Jutta: Quo Vadis Personalpolitik? Die Arbeitswelt im Umbruch, Institut für Beschäftigung und Employability, 2008, S. 18.

34 Nach einer Studie des Landesinstituts für Gesundheit und Arbeit des Landes Nordrhein-Westfalen fühlen sich immer mehr Arbeitnehmer überlastet. Von rund 2.000 Befragten fühlten sich circa 40 Prozent unter hohem Zeitdruck, 25 Prozent durch Arbeitslast und circa 33 Prozent durch hohe Verantwortung überfordert. Jeder Vierte empfand laufende Umstruktu-

rierungsmaßnahmen als belastend, knapp die Hälfte berichtete über Erschöpfung und dass sie nicht abschalten könnten.

35 Magazin eco – Managementwissen für Führungskräfte, Ausgaben 5/99 und 6/99.

36 Nach einer Forsa-Umfrage von September 2009 gaben 86 Prozent der Befragten an, dass sie eine potenzielle Arbeitslosigkeit als größte Bedrohung empfinden. Die Angst vor Arbeitslosigkeit rangiert damit noch vor der Angst vor Gewalt, sozialer Ungleichheit und Kriminalität.

37 Czwalina, Johannes/Walker, Andreas M.: Karriere ohne Sinn?, München/Frankfurt a.M. 1997.

38 Burn-out-Syndrom: Ausgebranntsein. Ein Zustand der Erschöpfung im physischen, psychischen und emotionalen Bereich, der sich nach andauernder, übergroßer Anstrengung, nicht bewältigten überhöhten Anforderungen oder nach erfolglosem Ankämpfen gegen Missstände (gelernte Hilflosigkeit) einstellt. Der Begriff wurde erstmals vom amerikanischen Psychoanalytiker Herbert J. Freudenberger in den 70er-Jahren verwendet.

39 Piller, Otto, in: Basler Zeitung vom 6.5.2000, S. 48.

40 Vodafone Stiftung: Jugendstudie: April 2022 www.vodafone-stiftung.de/Jugendstudie

41 In Anlehnung an Dees, Gregory: The Meaning of Social Entrepreneurship, Harvard 1998.

42 Schieffer, Alexander, Zehnder, Egon P.S., Schulte-Noelle, Henning: Die Führungspersönlichkeit von Top-Managern, in: Hilb, Martin: Neue Führungskonzepte im Praxistest, Köln 2001, S. 13 ff.

43 Zehnder, Egon: Kompetenzen für dynamisches Wachstum, Frankfurt a. M. 2007, S. 5, 12.

44 Korn/Ferry International: Leadership in a Time of Rapid Change, Los Angeles 2008.

45 Herrhausen, Alfred: Denken, Ordnen, Gestalten, Berlin 1990.

46 Hilmann, James: Ohne Titel, in: Psychologie heute, Weinheim 2006.

47 Koslowski, Peter: Ohne Titel, in: Zeitschrift Finanzplatz, 26.04.1996, S. 16.

48 Siehe grundsätzlich auch hierzu Schmidt, K.O. (Hrsg.): Seneca – Der Lebensmeister, Daseins-Überlegenheit durch Gelassenheit – ein Brevier, Ulm 2005.

49 Schmitz, Andreas: Work-Life-Balance – Der tägliche Balance Akt, in: Manager Magazin, 28.5.2008 sowie Levinson, Meridith/König, Andrea: Wenn die Arbeit das Leben kontrolliert – Wege aus der falschen Work-Life-Balance, in: CIO, 2008.

50 Schein, Edgar H. (MIT/Synercon Personalberatung Hrsg.): Karriereanker –

Die verborgenen Muster in Ihrer beruflichen Entwicklung, Darmstadt/München 1994.

51 In einer Untersuchung von Helmut Graf wurden rund 140 Unternehmen beziehungsweise Führungskräfte zu ihrem Verhalten im Führungsalltag befragt. Auf Basis der Auswertung der Gesprächsergebnisse spricht Graf von kollektiven Neurosen im Management, die in verschiedenen Ausprägungen auftreten. Siehe hierzu: Graf, Helmut: Die kollektiven Neurosen im Management – Viktor E. Frankl. Wege aus der Sinnkrise in der Chefetage, Wien 2007.